中

妖怪故事

動物篇

管家琪◎文
LOIZA◎圖

前言

熱鬧紛陳的妖怪世界

中國靈怪傳奇由來已久，最早是起源於上古神話時代的圖騰崇拜，以及自然崇拜，基本精神就是「萬物有靈，物老成精」。《山海經》裡就有一大堆動植物的靈怪，到了秦漢之際，當時的社會氣氛比較特別，巫風很盛，無形之中也促進了靈怪傳奇的發展。不過，就文學角度而言，一般學者都公認靈怪故事是到了唐代以後才真正的成熟，從「志怪故事」的層次一躍而成為文學性濃厚的「傳奇」了。

而細數中國靈怪傳奇故事，我們會發現動物靈怪的作品明顯的占了大多數，有學者甚至估計占了三分之二，其他才是植物靈怪、器物靈怪（譬如鏡子、枕頭等等），和一些不易歸類的雜怪。

想來這和童話寫作有些類似；在童話故事中，也是以動物為主人翁的作品要占大多數。分析其中原因，大概無非是因為動物本身能跑能跳，能在天上飛，能在水裡游，還能發出聲音，能有動作，甚至好像還會有表情，跟人類的感覺最為接近，好像天生就有一定的靈性，用來作為故事的主人翁似乎是很順理成章的。同時，動物與人類接觸和相處的機會也很多，人類對於動物無論是外表或是習性的觀察也很容易，而在看得多了、觀察細膩之後自然也很容易激發想像。

無怪乎廣義上的「童話」一直都是包含了神話、民間故事以及靈怪故事，我們現在概念中屬於「兒童文學」中的童話那還是近代形成的。想來無論是成人或兒童其實都很需要童話，同時，想像力也是我們與生所俱來的一種能力。

這一套「中國妖怪故事」系列一共分成三本，分別是《中國妖怪故事：動物篇》、《中國妖怪故事：植物與器物篇》以及《中國妖怪故事：雜怪篇》，取材自《搜神記》、《太平廣記》、《醉茶志怪》、《子不語》、《續子不語》、《南皋筆記》、《廣群芳譜》、《幽明錄》、《淞隱漫錄》、《二刻拍案驚奇》等，我們用說故事的

方式，把中國妖怪故事做了一個系統化的整理以及說明，不過對於故事本身都做了一些處理，在保留原來的情節架構之餘，有的是在文字上更淺白些，有的是在敘述上希望能夠更生動些，有的是把其中嚴重的漏洞稍做補強，當然，更多的改編還是為了處理成適合讓小朋友以及青少年朋友閱讀。希望大家喜歡。

目錄

變化莫測的龍

你一定會覺得很奇怪，自古以來龍不是一直都被視為是一種神獸、祥獸、和瑞獸嗎？怎麼會是妖怪？

然而在動物類的靈怪故事中，確實有很多故事的主角都是龍。

龍到底是一種什麼樣的生物？儘管有人說，在遙遠的上古時代，龍是真實存在過的，但大多數的人還是認為龍是一種想像出來的動物。在人們的想像中，龍的腦袋看起來有一點像駝，頭上有一對像鹿一樣的角，和一對像牛一樣的耳朵，眼睛看起來像鬼，頸部看起來像蛇，腹部看起來像蜃（一種大的蛤蜊），身上的鱗片則是像鯉魚的鱗片，還有像老鷹一樣的爪子，像老虎一樣的掌。這樣的龍，除了「眼睛看起來像鬼」這一點比較抽象之外（畢竟沒人看過鬼），可是身體的各個部位簡直就是好幾種動物「拼裝」而成，既能在空中飛，也能在水裡游，此外，還能忽大忽小，可長可短，神出鬼沒，變幻莫測，十分厲害。

值得玩味的是，明明在中國文化裡，龍一直是被賦予無比神聖的象徵意義，可是在靈怪傳奇中，卻也看得到龍的身影，甚至還會不時以「反派角色」出現。

在龍的神聖象徵意義之中，最典型的例子當然就是把皇帝稱為是「真龍天子」，緊接著把皇帝的臉稱為「龍顏」（「顏」就是指面容，也就是臉上的表情），把皇帝穿的衣服稱為「龍袍」，皇帝的後代稱為「龍種」等等。這種觀念到底有多麼的深入人心？我們從一個例子就可以明白。明太祖朱元璋有一張畫像，臉型很長、很怪異、很恐怖，據說就是因為朱元璋出身卑賤，為了製造他是「真龍天子」的形象，才故意教人把他畫得像龍而不像人，否則朱元璋的後代子孫可都是圓圓臉啊，就算朱元璋的原配馬皇后長得不怎麼樣，也沒有一個子孫長得像一條龍。不過，也有人說，那是因為朱元璋的妃子們都很漂亮，經過優生改良，所以他的子孫就變得好看了。

在中國民間長久以來一直有「龍生九子，個個不成龍」的說法，這句話是什麼意思呢？有人說，當年皇帝升天以後，老龍就把九個兒子打入人間，不許他們再回天庭，也就是「一龍升天，九龍下凡」，明朝李東陽的《懷麓堂集》還為這龍的九子分別定了九個名字，全是一些教人看也看不懂、念也無從念的怪字。也有人說，所謂「九子」，「九」是一個虛數，代表一個「很大很大」的數，當然也是一個貴數，所以才會被用來形容龍子。

總之，不談龍子，就只看龍本身，龍也有好幾種不同的種類，而且是把之前有角、有鱗等特徵，以及在天上飛、在水裡游等習性紛紛拆開來，變成了好幾種不同的龍，譬如，有鱗的是蛟龍，有翅膀的是應龍，有角的是虬龍，喜歡升天的是蟠龍，喜歡游水的是晴龍，喜歡火的是火龍，吼起來聲音很大的是鳴龍，好鬥者是蜥龍。

在靈怪故事中，蛟龍的形象大概是比較糟糕的。有一個故事就是說，有一隻蛟龍會變成某男子的模樣，然後搶在他之前，以這個男子之名，接走了新娘子。這個故事出自《太平廣記》，叫做〈洪氏女〉。

從前，在歙州（今天的安徽）祈門縣境內，有一個詭異的水潭，傳說那裡經常有蛟龍出沒，當地人都不敢輕易靠近。

不過，就算平常都沒有人敢接近水潭，當地還是避免不了會受到蛟龍的危害，因為這個蛟龍會幻化成人形，不時就會主動前來騷擾百姓。更過分的是，有一回，蛟龍竟然還搶走了一個黎姓男子的新娘子！

當時，武陵鄉一個姓洪的女子被許配給鄱陽一戶姓黎的人家，兩家很快的就為這對新人選好了良辰吉日，打算為他們舉行婚禮。就在兩家人都正在積極籌備婚禮的時候，有一天，黎姓男子突然隻身來到洪家，表示要提前來把新娘子帶走。

一開始洪家當然不樂意，也很納悶，頻頻問道：「為什麼啊？為什麼要這麼倉促？」

新郎官不肯多說，只是堅持說因為家裡臨時有事，必須盡快把新娘子帶回去。

見新郎官的態度如此堅決，洪家最終只得勉為其難的同意了。

不料，到了原本預訂要成親的日子，新郎官又春風滿面的來了。

洪家人一頭霧水，萬分不解。而看到洪家人這樣的反應，也令前來迎娶的黎家人感到莫名所以。沒過一會兒，情勢就變得十分混亂，洪家人堅稱新娘子早就被新郎官給帶走了，而新郎官卻面紅耳赤的大聲抗辯，聲稱在此之前自己根本就沒有來過。

那麼新娘子到底是被誰給帶走了？那個帶走新娘子的男子竟然會有著和新郎官一模一樣的相貌？現在新娘子又會是在哪裡？

就在眾人一片惶惑和驚恐之中，有幾位當地長者吞吞吐吐的透露，傳說在附近那個詭異的水潭，住著一條邪惡的蛟龍，會變化成人形然後誘拐民女，有人懷疑莫非這件怪事就是跟那條蛟龍有關？

新郎官愣了半晌，「也就是說，那條蛟龍變成我的模樣，冒充我，來到此地——」

他立刻做出了一個決定，就是前往那個神祕的水潭，去尋找妻子的下落。

不久，在前往水潭的半路上，黎生遇到一個容貌非常出眾的男子。男子問他要上哪兒去？聽說他要前往水潭，又一直追問他為什麼要去？是不是有什麼特殊的緣由？

黎生說了，但是在說的同時，他發現對方對於自己的遭遇非但一點也不同情，甚至還頗有些幸災樂禍的神態。

這未免也太不合常理了吧！

一個想法頓時蹦入黎生的腦海——

「既然那條蛟龍會幻化成人形，難道這個傢伙就是那個蛟龍變的？」想到這裡，黎生再也按捺不住，拔出寶劍朝著那個男子就揮了過去！

男子也馬上拔劍展開抵擋。

幾個回合下來，男子不敵，被黎生給殺死了。

男子一死，立刻回復了原形——真的是一條蛟龍！

黎生迅速趕路，不久，終於找到了那個神祕的水潭，也找到了蛟龍的巢穴，並且在那兒果真找到了自己的妻子和一隻狗！

妻子的神情看起來恍恍惚惚。不過，黎生並不嫌棄她，還是把她和那隻狗一起帶走，想要一起領回家。

沒想到，才剛剛上船，啟程沒多久，一場暴風雨就突如其來，黎生的妻子和那隻狗在風雨之中竟然都變成了蛟而陸續鑽入了水裡，很快就不見了。

黎生呢，則被大風吹到了很遠很遠的地方，後來花了好幾年的時間才終於回到了故鄉。

這件事過後，就更是沒有人敢接近那個水潭了。不過，附近偶爾還是會發生一些不尋常的事。

一直到過了很久以後，有一個道人，名叫許旌陽，來到這裡，斬殺了蛟，還用一塊厚重的木板牢牢堵住了蛟的巢穴，從此奇怪的事才澈底絕跡。

但是，還是有不少當地人表示，如果遇到天氣晴朗的時候，有時還會隱隱約約彷彿看到有蛟在附近活動。

有一個相當有名的民間故事〈周處除三害〉，也就是京劇裡的〈除三害〉，其中也出現了蛟龍。

這個故事發生在西晉。主人翁名叫周處。

一開始，周處是一個惡少，到處好勇鬥狠，很招大家的厭惡。

有一天，周處在無意中聽到有人在大罵地方上的「三害」，紛紛怨嘆這「三害」簡直是把大家都逼得快要活不下去了。

「啊？我們這裡有『三害』？那想必是三種很可怕、很厲害的東西了，不過，我周某人可是向來天不怕、地不怕的！」

為了表示自己身手不凡，英勇蓋世，周處非常莽撞的當場就誇下海口要為地方百姓除掉「三害」。

話一出口，現場一片靜默。

周處也沒在意，只是想到既然要當大英雄，總要把對手先弄清楚吧，於是詢問到底是哪「三害」？

「這——」在場的眾人你看看我，我看看你，似乎都難以啟齒。

就在周處為大家的反應開始感到有點奇怪的時候，有人說：「這樣吧，壯士不妨一個一個來，一個一個的除掉吧！第一害，是一頭深山裡的猛虎……」

周處心想，也好，那我就先去把猛虎給解決掉。

幾天過後，周處出現在市集裡，大聲宣布：「大家聽著！第一害已經被我給除掉啦，現在告訴我第二害吧！」

眾人雖然吃了一驚，但隨即很快就鎮定下來，告訴周處，所謂「第二害」是指水裡的一條惡蛟。

周處立刻出發。過了幾天，他把惡蛟也解決

了；雖然所花的時間比較長，但總算是解決了。

現在周處明白了，原來這「三害」是一個比一個厲害，一個比一個難對付！

那麼，「第三害」想必一定是很棘手的了，會是什麼呢？

周處感到很好奇。他一點也不怕，還是相信自己一定有能力把「第三害」也給除掉。

然而，令他匪夷所思的是，這回無論他怎麼問，都沒有人肯告訴他——其實是沒有人敢告訴他——那個令人恐懼和痛恨的「第三害」到底是什麼？

過了好一會兒，在周處一再的追問之下，才終於有人吞吞吐吐的對周處說：「其實那個『第三害』——就是你啊！」

之前他們沒料到周處居然真的這麼勇猛，能夠一口氣除掉猛虎和惡蛟，所以一直盡力隱瞞，不想讓周處知道；試想，如果周處被猛虎或是惡蛟給吃了，根本沒必要再告訴他了？沒想到周處還真厲害，竟然能夠從猛虎和惡蛟之口倖存，這麼一來，就怎麼也瞞不住了。

當周處弄清楚自己原來就是「第三害」，在百姓的心目中，自己的危害程度竟然甚過猛虎和惡蛟，他整個人愣住了。

周處十分震驚，也十分慚愧。那麼，周處該怎麼做才能除掉這「第三害」呢？

當然不用自殺，改邪歸正就行了。於是，周處澈底洗心革面，重新做人，以這樣的方式除掉了「第三害」。

靈怪故事中還有一些龍，沒那些傳統概念中龍的模樣和本事，也沒那麼高高在上，而是悄悄的跟百姓們一起生活，這樣的龍，就頗有一點「物老成精」的妖味，但他們還是享受到一種神祕的保護。比方說，同樣是《太平廣記》中有一個叫做〈崔道樞〉的故事，就是一個典型的例子。

這是發生在唐代的故事。唐朝中書舍人韋顏的女婿，名叫崔道樞，屢次參加科舉考試但是都一無所獲。有一年春天，崔道樞再次落榜，鬱悶萬分，但也沒有辦法，只得先回到家中，打算來年再接再勵。

有一天，崔家有人無意中從家中一口深井裡撈出一條身長五尺的金色鯉魚。「尺」這個單位歷代不同，在唐代一尺大約等於今天的三十公分，所以「五尺」就是一百八十公分！這可真是一條超大超大的鯉魚啊！而且這條鯉魚不僅渾身都是金色的（金色向來給人一種顯貴的感覺，大概是因為黃金就是金色的），眼睛非常明亮，讓人幾乎不敢正視。

崔家人都覺得這條鯉魚非同尋常，就讓僕人把牠放到江裡去，可是崔道樞和表兄韋生卻密謀半途攔截，把這條超大的鯉魚弄來殺掉而且還吃掉了。（或許他們是以為有道是「鯉魚跳龍門」，如果吃了這麼一條特別的鯉魚，應該很快就會發達了。）

沒想到這條鯉魚其實不是魚，而是一條「雨龍」！

這兩個貪吃的傢伙很快就都陸續遭到了報應。先是韋生，在偷吃了這條雨龍過後

兩天，忽然莫名其妙的無病而亡，過了一陣子，又忽然莫名其妙的活了過來，把家人都嚇壞了。韋生說，剛才自己的「死亡」，其實是被帶到一個「水府」裡去受審。

家人聽了，都很疑惑，「那個水府是什麼樣子？」

這時，韋生的眼神一掃，從圍在自己身邊的家人中看到崔道樞，便對崔道樞說：「你應該很清楚，你也在呀，我們剛才是一起受審的呀！」

「是嗎？」崔道樞應道。

當時，崔道樞的心裡真正想的是，表兄一定是病糊塗了，而且病得還不輕哪。

韋生告訴家人，方才他是被一位一身綠衣的使者帶到一座氣派的府第，進門以後，看到大廳有一位裝扮華麗的女子，頭戴金翠冠，身穿繡花紫衣，默默的在桌案後邊坐著，在她左右的侍女都是身穿黃衫，衣著看起來也都很講究。接著，出現了一個官吏模樣的人，從後邊拿著一本記事簿來到門廊下，交給一個頭梳雙鬟的青衣女子，青衣女子又將這本簿子放在繡花紫衣女子的桌案上。

「那我在哪裡？」崔道樞問。

韋生回答：「一開始我沒注意到你，等到那個官吏把我領到東邊廊下，開始調查我們殺魚事件的時候，我才看到你，你好像比我去得還要早。」

「這可真奇怪，我一直都好端端的待在這裡啊。」崔道樞。

「可是我確實看到你了！」韋生堅持道：「而且當人家在審問我們的時候，你還一直拒不認罪……」

韋生說，那個官吏再三強調，如果那條雨龍是潛伏在江海池潭之中被人抓起來吃掉，那也就罷了，怪牠自己不好。但牠是從一口深井裡被撈起來的，撈起來後如果趕快把牠放掉，就像崔家人原本的做法那樣，也沒有關係，就當作是一場誤會，可是他們這對表兄弟，又不是愚昧無知的人，看到這樣的異物，毫無尊敬之心，反倒把牠給吃了，實在是罪無可赦。

「啊，那怎麼辦？」家人聽了都恐懼萬分，一些女眷更是哭哭啼啼。

「他們說十天以後還要再把我叫去，」韋生悽惶道：「還叫我在這十天之內要多做一些佛道功德的善行，說這樣或許可以減免一些罪過……」

在接下來的十天之中，韋生及其家人果然拚命的做善事，或許因為「臨時抱佛腳」，誠意被打了折扣，十天之後，韋生果然又被「叫」去了。他又死了。

這一次，他被「叫」走以後，一連過了好幾天，都沒有再「回來」。

有一天清晨，韋生的母親夢到兒子前來託夢。在夢中，韋生告訴母親，自己因為殘害雨龍而犯了罪，現在被關押在水府裡，即將受到嚴厲的懲罰，要母親和家人趕緊為他吃齋念佛，說這樣或許可以為他減輕一點刑罰。

韋生還說：「表弟的罪過也已經被判定了，今天晚上他就會知道這些事……」

韋生的母親醒過來以後，很快就哭著把夢中所見所聞告訴了崔道樞。

崔道樞聽了，半信半疑。

當天傍晚，崔道樞原本正在看書，忽然感覺到睏倦得不行，就那麼昏昏沉沉的睡了過去。

在悠悠忽忽之間，這回他也像表哥韋生之前所說的那樣，被一位身穿綠衣的使者帶到一座官衙，進門以後，也看到一位裝扮華麗、一身繡花紫衣的女子坐在大廳裡，身旁有好幾個衣著講究的侍女。緊接著，一個官吏拿著一本記事簿來到門廊下，輾轉把簿子交給繡花紫衣的女子，然後女子就提起筆來在簿子上寫下了幾行話。稍後，官吏把簿子拿過來給崔道樞看。崔道樞看到簿子上原本寫的是：

「崔道樞，官做到三品，享壽八十。」

但是現在旁邊加上了一行注，顯然是那個繡花紫衣的女子剛剛才寫上去的：

「此人害死雨龍，涉及天府，不可原諒，經立案追查，判決結果如下——所有官職爵位一概削除，壽命也減少一半。」

看到這裡，崔道樞就醒了。

醒來以後，他相當懊悔。三品——那可是很大的官了，原來儘管目前他應試不順，但未來還是很發達的，而「八十」也算是相當高壽，不是有一句話說

「人生七十才開始」嗎？

古人崇尚「福祿壽」，崔道樞到這個時候才知道，原來自己「福祿壽」都會有的，如今卻因為殺害了雨龍——唉，想想真是得不償失啊！

更恐怖的是，如果八十的壽命減半，那就表示崔道樞的壽命已經差不多只剩下幾個月了！

此時正是冬天，崔道樞的母親在知道了這件事以後，趕緊為他吃齋念佛，修善積德，希望能夠減輕兒子的罪過。

然而，沒過多久，剛一開春，原本身體相當健康的崔道樞忽然得了一場病，並且很快就去世了。

在研究龍的起源時，還有一種普遍的觀點，認為龍不僅是起源於遠古的圖騰崇拜，而且還是以蛇或鱷魚等動物為圖騰的部族，經過戰爭或聯姻融合了以其他各種動物為圖騰的部族後所產生的綜合圖騰。在很多古籍記載中，龍總是和蛇並稱，關係密切。接下來我們就來看看蛇精的故事吧。

亦正亦邪的蛇精

「一體兩面」是中國人的哲學，就是說任何事情都不會只有單一的角度，凡事都有好的一面，也必然都會有壞的一面，所謂「禍福相倚」這種說法就是「一體兩面」思想最好的注解。或許就是這樣的思想，龍的形象才會亦正亦邪，只是整體來說正的方面比較多，蛇同樣也是亦正亦邪，只是相對於龍，似乎表現在邪的方面就要多一些。

各個古老的民族在上古時期都會有動物崇拜，這是可以理解的。想想看，遠古時期，地殼還不夠穩定，造山運動還在不斷的進行，天災頻繁，動輒就會發生洪水、地震、海嘯，生存環境是如此的艱難，又還沒有什麼科學概念，古代先民怎麼可能意識到人類是萬物之靈，相反的恐怕經常還會有一種深深的無力感，深感生命實在是太脆弱了，脆弱到忍不住就發展出一種想像，想像很多動物都具有神力，然後我們可以藉助動物的力量來幫助自己。

無論是東方或是西方，在古代先民的動物崇拜中，都少不了蛇。這很可能是因為蛇給人的感覺向來都是既可怖又神祕；蛇的蛻皮還很容易就會被認為是一種「再生」，那麼，蛇成為生死、輪迴的象徵，就很順理成章；再說，蛇又會攻擊人類，毒蛇還能要人性命，因此蛇往往又代表了黑暗和陰險。總之，蛇似乎一直具有兩面性，絕大多數的人都很怕蛇，就連好萊塢電影中的大英雄印地安納・瓊斯博士，也是什麼都不怕，唯獨就怕蛇。

大家都知道龍是一種想像的動物，但龍的原形其實主要就是蛇，一直到現在，民間都還是把蛇稱之為「小龍」，好像這樣說就會顯得好聽得多。從民俗的角度看來，可以肯定的一點是，大概自從有了龍以後，蛇的身價就大大的貶值了，或許是遠古時期時興動物崇拜所累積下來的資本，蛇並沒有立刻就失去神性，只是不得不跟龜湊在一起，成為民間信仰中的一種靈物。所謂「四靈」（四種靈物），青龍、白虎、朱雀和玄武，「玄武」就是一種龜蛇合體的形象，是北方七星宿的總稱，也是負責掌管北方的神靈。

在上古神話中，我們可以看到不少蛇的影子，這個時期蛇的形象還是相當正面的。比方說，大禹治水的時候，天帝一方面被禹的父親（鯀）堅韌不拔的精神所感動，一方面似乎對降下大洪水懲罰人類的做法也頗有悔意，所以不但正式任命禹去人間治理洪水，還派了一條應龍來協助大禹，這個應龍據說就是一條四腳蛇。（原來，「畫蛇添足」並不是完全不可能啊。）治水的時候，應龍走在大禹的前面，用自己的尾巴劃地，應龍的尾巴指向什麼地方，大禹就在那裡開鑿河流，疏導洪水，把洪水一直導向東方的汪洋大海，據說這些河川後來就成為今天的許多大江大河。

所謂「工欲善其事，必先利其器」，這句話的意思是說，想要把一件事情做好，就得先有好的工具，這可是連大禹也不例外，大禹治水時隨身攜帶一個很好用的工具，叫做「玉簡」，這是一個玉器，一尺二寸長，看起來像一個竹片，大禹就是用這個玉簡來丈量天地。傳說這個玉簡是伏羲送給大禹的。伏羲是一個人面蛇身的神。大禹又是怎麼碰到伏羲的呢？有一次，大禹在偶然間走進一個大岩洞，在裡頭碰到一條大約有十丈長的大黑蛇，蛇的嘴裡銜著一顆夜明珠，這條大黑蛇後來帶著大禹去見了伏羲。

從神話時代慢慢進入到民間故事以後，我們更是經常都可以看到蛇的身影。有些蛇的妖味也還不是那麼濃。譬如有一句俗語叫做「人心不足蛇吞象」，在這個俗語故事中的蛇，其實還滿憨厚善良的，一開始由於懷抱著報恩之心，讓那個曾經照顧過自己的書生予取予求，甚至在書生聽說皇帝生了病，需要龍肝（其實就是蛇肝）作為藥引以後，這條蛇還忍著劇痛張大著嘴巴讓那個傢伙走進自己的肚子裡，割下自己的肝拿去獻給皇帝，真的可以說是義薄雲天啊。書生因此立下大功，開始飛黃騰達，後來甚至當上了宰相。不久，皇帝舊病復發，已經當上宰相的老朋友再度前來向大蛇索求「龍肝」，這個時候，大蛇雖然滿心不願，但還是勉強同意了，只求老朋友待會兒進到自己的腹內之後能夠小心一點，別把自己攪得像上次那麼痛，直到大蛇察覺老朋友竟然想把自己的肝割得一片都不剩，好去再度立功的時候，對老朋友的無情無義感到既痛心又憤慨，這才把大嘴閉上，並且一口吞了那個不知足的壞傢伙。

訴他，媽媽就被壓在這座塔下面，結果，這個新科狀元的哭功大概不亞於孟姜女，雷峰塔就這樣被他給哭倒了，白娘子也就這樣被救了出來。

不過，綜觀中國的妖怪故事中大多數有關蛇精的故事，蛇精都還是以害人的居多，往往成為地方上的一大禍害，讓人痛恨，可是又總是讓人束手無策。在《搜神記》中有一個故事，叫做〈李寄斬蛇〉，到是一個比較特別的故事。

話說從前在東越閩中地區有一座庸嶺。所謂「東越」是指今天的閩東或浙東地區。

庸嶺是一座大山，裡頭不免會藏有一些毒蛇猛獸。在庸嶺西北邊比較低溼的地方，有一條大蛇，據偷偷看過牠的人表示，這條大蛇有七、八丈那麼長，身體很粗，恐怕要好幾個人手牽著手才能圍得起來。如此龐大的一條蛇，自然是妖怪了。

同時，這條蛇精不僅經常騷擾地方百姓，動輒吃人，令百姓深以為苦，後來，牠還會三番兩次的託夢給巫祝，表示想要吃十二、三歲的小女孩。

巫祝恍然大悟，「怪不得不管我們拿多少牛羊去祭祀，懇請牠手下留情，都沒有效果！」

巫祝趕快跑去向地方長官報告。由於「蛇精指定要吃小女孩」這個事聽起來實在是太過駭人，長官不敢下令。

不久，地方上陸陸續續發生了好幾起天災和傳染病，巫祝表示，這是蛇精

眼看要求沒有得到滿足，所以大為震怒。

巫祝說：「再不照辦，恐怕會發生更大的災難啊！」

「可是——」長官很為難，「孩子們都是父母的心頭肉，怎麼能開口向人家索要愛女然後送去給妖怪吃啊！」

後來，他們經過反復商討，定下一個方針，那就是去徵求窮人家以及罪犯家的小女孩，然後養著，到了八月初祭祀的時候，再一個一個送到蛇精的洞口，讓蛇精吞食。這個做法當然很不公平，也很殘忍，但是——當時大家都認為，為了保全大多數人的性命，總有一些少數人必須犧牲，而那些不幸犧牲的少女，只能怨怪是自己的命不好。

這樣一連過了九年，轉眼已經有九個少女無奈的犧牲了。

說也奇怪，在這九年之內，地方上倒真的是太平得很，蛇精再也不會隨便出沒，更不會再吞噬人畜，而那些天災、疾病什麼的也都頓時銷聲匿跡，再也沒有發生過。這就讓大家更加相信只要定時替蛇精準備好少女，就可以換得普遍的平安。

偏偏到了這一年，眼看又到了要向蛇精獻上少女的時候，但之前「準備」的少女們都犧牲光了，沒有多的女孩了，怎麼辦呢？

地方上那些重要人士，包括縣令、巫祝等等，一個個都急得團團轉。

這時，有一個少女勇敢的主動站了出來。她的名字叫做李寄。

李寄是家裡的小女兒，上面有五個姊姊。當她一聽說官府正在為了找不到可充當犧牲品的女孩而發愁的時候，頓時就有了一個主意。

她對父母親說：「父母沒有福氣，生了六個女兒，沒有一個兒子——」

（這種男尊女卑、重男輕女的偏差思想在古代是非常普遍的。）

李寄說：「既然我沒有辦法奉養父母，活著也沒有什麼用處，不如你們把我賣給官府，好歹還可以得一些銀兩，這樣不是比較好嗎？」

當雙親得知小女兒的意思竟然是要主動去餵蛇精，大驚失色，立刻斥責道：「荒唐！你怎麼會有這樣的想法！別說我們家並不缺錢，就算缺錢也不可能出此下策！」

李寄不死心，仍然不斷的遊說，但是父母對孩子們向來非常慈愛，怎麼也不可能同意她的要求。

然而，小小年紀的李寄，主見很強，發現想要爭取雙親的同意基本上是不可能以後，竟悄悄的離家出走了。

這時，祭祀的時間已到，官府也顧不了那麼多了，就急著想把李寄送到蛇洞去。

李寄不慌不忙的說：「等一下，等我先做一點糕餅帶在身邊。」

有人本來很想說「你都死到臨頭了，還這麼好吃，做什麼糕餅？」，但是看著李寄無邪的笑容，終於還是不忍心把這番話說出口，只好按李寄的要求，準備了好幾石的麵粉和蜜糖，讓李寄做了好多好多又香又甜的糕餅。

糕餅做好了，李寄又說：「請給我一把鋒利的劍，還有一隻不怕蛇的狗。」

很快的，這兩樣眾人也都為她準備好了。

不久，李寄就被送到了蛇精所住的洞口，並且當然是被單獨留了下來。以往那九個少女，到了這個時候，無一不是早就都哭得沒氣了，李寄這會兒卻手腳伶俐的把那些糕餅統統都放在洞口，然後握緊劍、牽好狗，小心翼翼的躲在一旁。

洞裡的蛇精聞到糕餅的香味，很快就無聲無息的游了出來。確實是一條超級大蛇。這個蛇精似乎很喜歡甜食，一看到洞口有那麼多一看就很可口的糕餅，馬上就開始大吃特吃起來。

這時，李寄趁蛇精不注意，馬上放狗去咬牠！

然後她自己又用很快的速度衝出來，朝著蛇精揮劍就是一陣猛砍！

蛇精中了好幾劍以後，疼痛難當，到處亂竄，結果沒多久就死了。

除掉了蛇精，李寄還走進蛇洞去看，看到了之前被蛇精吃掉的那九個女孩的頭骨。李寄把這些頭骨拿出來，葬在一起，一邊還說：「唉，你們就是因為膽小懦弱，才會被蛇精給吃掉啊，你們真的好可憐！」

做完了這些，李寄才動身回家。到家後，家人看到她，當然都激動萬分，父母更是把這個失而復得的小女兒緊緊的抱在懷裡，久久不肯放開。

據說，當地從此就再也沒有蛇精作怪的事情了。

〈李寄斬蛇〉這個故事，描繪了一個有勇有謀的少女，這是在中國古典文學中不多見的。故事中的李寄，後來有一個相當不錯的結局，那就是當越王聽說了李寄的事蹟之後，立刻聘娶她做王后，還任命她的父親做了當地的縣令（這可真是「父以女貴」啊！），她的母親和五個姊姊也都受到了賞賜。

烏龜精的故事

之前我們說到傳統「四靈」之一的「玄武」是龜蛇合體，同時也說到在民間傳說中，蛇一直是亦正亦邪，其實，龜也是一樣的；在龜的身上，我們可以發現到濃濃的仙氣，但同樣也感覺得到一股妖味。

龜的頭部看起來滿像蛇，難怪可以和蛇湊成一靈。其實從上古時代開始，在人們的生活中就處處可見龜的影子，譬如，龜甲可以用來占卜；龜甲上所刻的文字稱作「龜甲文」或「甲骨文」；乾製後的龜甲是一種價格不斐的中藥材，叫做「龜版」；皮膚因為太冷或太乾而生的裂紋叫做「龜裂」；預兆叫做「龜兆」；如果有一天烏龜長毛、兔子生角（所謂「龜毛兔角」）還是即將要發生戰事的徵兆，這種說法是從商紂王的時代就傳下來的，真可謂歷史悠久。

龜之所以會有仙氣，主要還是跟古人（或者應該說「世人」）對於長生不老的渴望有關，因為龜的壽命很長，好像動不動就可以活到超過一百歲，古人甚至相信會超過一千歲，因此，崇拜烏龜似乎就是一件很自然的事。

在民間傳說中，基於「物老成精」的邏輯，烏龜漸漸有了妖味，只不過，就算有些妖味，在這些故事中，烏龜精通常不大會主動害人，可以說對人類是十分友好的。

在唐明皇當政的時候，有一個方士向唐明皇獻上一隻小巧玲瓏的小烏龜，直徑大約只有一寸，全身都是金色，看上去十分精緻可愛。

這可不是普通的小寵物龜，方士說：「這隻小烏龜非常神奇，牠不用吃東西，但是牠的呼吸對我們人體能夠產生奇效，還可以防止毒蛇的侵害。」

唐明皇非常歡喜，從此就真的經常把這隻小烏龜帶在身邊。

這樣過了一段時間，有一個深受皇帝寵愛的小太監因為受到親戚犯罪的株連，而即將被發配到南方邊地。臨行前，唐明皇把這隻心愛的小烏龜送給小太監，告訴他：「南方蠻荒之地，聽說毒蛇巨蟒很多，你最好把這隻小烏龜帶在身邊，必要的時候或許可以為你消災解難。」

小太監對唐明皇感恩戴德，恭恭敬敬的接過了小烏龜，放進懷裡，然後就出發了。

當天晚上，小太監來到象郡下屬的一個小縣，只見整個縣城就像一座空城，空無一人。

「奇怪，怎麼一個人都沒有？」小太監嘀咕著，只好自己找了一家旅店住下。

到了晚上，怪事發生了。小太監先是發覺這天晚上的月光特別明亮，將夜空照耀得有如白晝，隨後他吃驚的看見遠方有一陣狂風正在不斷的逼近。

「啊！這是怎麼回事？」小太監感受到一股強烈的妖氣正迎面襲來，心裡非常害怕，趕緊把小金龜從懷裡拿出來放在台階上。

過了一會兒，原本呼吸向來非常輕微的小金龜竟然開始大口大口的吐氣，嘴裡還會冒出流線型的火焰，直衝雲霄，足足噴了有三、四尺之高！

小太監看得都呆掉了。

又過了半晌，當煙霧慢慢消散之後，小金龜又恢復了原本不著痕跡的呼吸，而方才風雨交加的聲音也神奇的完全消失。

第二天，當地的驛官們都回來了，他們告訴小太監，昨天因為有人誤殺了一條蟒蛇，大家都害怕蛇精會來報復，因此都躲在附近的山洞裡，結果早上一看，在那條通往縣城的路上果然有十多條已經死去的巨蟒。

大家都對小太監說：「您昨晚一個人待在這裡，居然安然無恙，實在是太幸運了，一定是有神靈的庇佑！」

這個故事出自《太平廣記》中的〈唐明皇帝〉。古人相信烏龜的呼吸（所謂「龜息」）可以救命，這個故事就是一個典型的例子。

除了救命，烏龜還會報恩。

古時丞相、列侯、將軍所用印章的鼻（正式的說法叫做「紐」，就是指器物上面可以提起來的那個部分）往往都做成烏龜的形狀，稱為「龜紐」。有一個故事，就是跟這個「龜紐」有關。

在晉元帝的時候，有一個人名叫孔愉，是會稽郡山陰縣人，因為討伐叛亂有功而封侯。

據說在孔愉年輕的時候，有一次途經餘不亭（在今天浙江吳興縣北），看

到市場有人在賣烏龜，孔愉蹲下來一看，突然有一種奇異的感覺，感覺那隻烏龜彷彿也正在看著他，甚至還有向他哀哀求饒的意思。孔愉頓時覺得那隻烏龜看起來怪可憐的，就把牠買下來放生。

這隻烏龜似乎真的頗有靈性，在被放入溪中以後，還從左邊頻頻回過頭來注視著孔愉，這樣一連好幾次，最終才依依不捨的離去，沒入了溪水之中。

日後，當孔愉因功被封為餘不亭侯，可以鑄那種上頭帶著一個龜紐的官印了，可是，鑄官印的任務交代下去以後，卻遲遲看不到成品。

孔愉身邊的人把工匠叫來，詢問進度為什麼會這麼慢？

工匠吞吞吐吐的說：「因為——大人的官印實在是太難做了啊！」

工匠表示，官印上的龜紐很奇怪，每次一做好，它就會莫名其妙變成往左看的樣子。

工匠說：「已經改鑄了三次，都還是原來的樣子，我也不知道該怎麼辦才好！」

最後，鑄印的工匠實在是沒辦法啦，只好來向孔愉報告，孔愉這才想起從前曾經把烏龜放生的事，也才明白那隻烏龜是來報恩了，於是就告訴工匠：「不要緊，就這樣給我吧。」

從此，孔愉就把這個特殊的官印時時佩戴在身上，深信這個官印一定可以為自己帶來好運道。

據說就是因為烏龜報恩，孔愉後來官運亨通，連續升遷至尚書左僕射，死後被追封為車騎將軍。

在〈龜報孔愉〉的故事中，烏龜報恩，受到孔愉深深的感謝，可是在另外一個故事〈謝二〉中，烏龜不是對主人翁報恩，而是主動幫助主人翁，結果卻是好心沒好報。

據說在唐朝開元年間，有一個書生好不容易才中了科舉，但是仕途不順，久久都等不到派令。在鬱鬱寡歡、灰心喪氣之餘，就南遊到江淮一帶去尋找知音，可是也一無所獲，最後因為生活困頓，只得在揚州停留。

在揚州期間，書生結交了一個朋友，名叫謝二，此人十分熱心，不僅經常安慰書生，後來甚至還告訴書生，如果書生想要北返，他可以送書生三十萬銅錢作為路費。

「謝謝你這一番盛情，你實在是太慷慨了。」書生對於謝二的好意十分感謝，但是並沒有當真。

到了兩人要分別的那一天，謝二交給書生一封信，告訴他：「我家住在魏王池的東邊，那裡有一棵大柳樹，你到了那裡只要敲敲大柳樹，看到我家有人出來，把信交給他們，就可以拿到錢了。」

謝二說得十分誠懇，實在不像是在開玩笑，弄得書生半信半疑，再加上他眼下也確實已經是有些山窮水盡，便決定要試試看。

他按照謝二的指示，來到魏王池東邊，找到大柳樹，敲敲樹幹，等了一會兒，忽然出現一個小丫鬟，問他有什麼事。

書生遲疑了一會兒，鼓起勇氣說道：「謝二讓我來送信。」

小丫鬟接過信，衣袖一揮，在書生眼前立即出現了一座富麗堂皇的宅院，有著一扇朱漆大門以及一道雪白的院牆。

書生吃了一驚。

小丫鬟領著書生走進去。走到大廳，書生看見一位非常富態的老太太端坐在堂上。

小丫鬟把信送到老太太的手上。老太太看了信，就對書生說：「既然是我兒子讓您來取錢，我們一定依約如數奉上，現在就請您去池邊取錢吧。」

說罷，老太太把手一揮，小丫鬟又領著書生往外走，出了宅院來到池邊，書生驚訝的發現池邊果真放著三十萬銅錢。

他再回頭一看，小丫鬟已經不見了。不僅小丫鬟不見，連剛才那座大宅院也消失了。

書生的心裡很是害怕，再加上看看這些錢都非常陳舊，他根本不敢用。

再回想剛才看到的種種景象，書生懷疑這是妖精在作怪，就跑去向官府報告這件怪事。

不久，官府就派出官兵鑽進池底，結果發現了一個洞，洞裡有好多隻烏龜，大大小小竟然有幾十隻！同時，洞裡還有很多的銅錢和寶貝。

官府把那些烏龜全部殺掉，至於那些寶貝，不用說，當然也全部收繳。

五年之後，書生已經被封為江南某地的尉官。他高高興興的走馬上任，途經揚州的時候，在大街上竟意外碰到久違的謝二！

謝二一看到他，就非常憤怒的衝上來，揪住他的衣領，厲聲質問道：「我對你不薄，為何你會如此狠心？害得我的老母親以及家人全都死於非命！」

說完，謝二就不見了！

書生自然是十分驚恐，半天都回不過神來，接下來更是一連十幾天都不敢去赴任。後來，因為同行的人一再催促，只得勉強再度出發，可是才走了一百多里，突然遇到一陣詭異的大風，旋即就把書生一家統統都給捲走了。

後來，知道這些事情的人都相信書生一定是死於謝二之手。

此外，在民間傳說中，也有一些鼉精的故事（鼉也就是「鱉」，俗稱「甲魚」）。鼉和龜一樣，也是爬蟲類，而且還和烏龜長得很像；大概也就是因為這樣，有一些和烏龜精類似的神怪故事也就是很自然的吧。

從前，在吳縣的石湖湖畔，有一個讀書人，名叫孫香泉。孫香泉有一個女兒，我們就稱之為孫小姐吧，嫁給同縣一位書生，婚後的日子過得相當和美。

直到有一天，孫小姐偶然間吃了一種據說是野生難得的甲魚之後，就突然得了一種怪病，經常瘋瘋癲癲，情緒激動，高興的時候就打扮得非常妖豔，還會一個人興致盎然的載歌載舞，不高興了就表現得十分粗暴，不但會高聲叫罵，口出穢言，還動不動就砸東西。除此之外，孫小姐的生活習慣包括飲食習慣也全都變了，有時候一天可以吃三、四個人的飯，有時又三、四天連一口東西也不吃。

總之，孫小姐的言行舉止和過去完全是判若兩人，家人都感到非常苦惱，也非常害怕。

孫小姐的祖母向來非常疼愛孫女，得知孫女得了這樣的怪病，急得不得了，就派人來到孫小姐的婆家，堅持要把孫小姐接回去養病。回到家以後，大家又是找大夫又是找道士，忙亂了好一陣子，但似乎都沒有什麼成效，孫小姐還是那麼的癲狂，以往那個端莊賢淑的孫小姐彷彿已經澈底不存在了。

有一天，孫小姐忽然總算是暫時的神智清楚了。家人問她到底發生了什麼事？她自己可有記憶？

孫小姐說：「我記得，當時我看見一個穿綠色袍子的人走進來，一直走到我的面前，然後冷不防的就對著我的臉上吹氣，接下去我就變得身不由己，一切言談動作都是那個穿綠袍子的人讓我做的。」

家人又問：「你吃東西怎麼也變得那麼怪？居然一次可以吃那麼多的東西？」

「哎，那哪裡是我吃的呀！」孫小姐叫苦道：「我看見一個穿青色衣服的人，還有兩個穿黑色衣服的人也跑到我們家來，然後都向那個穿綠衣服的人要吃的，那個綠衣人就借由我的嘴吃了東西來跟他們分享。」

家人聽了，都覺得很害怕。因為這些綠衣人、青衣人或是黑衣人顯然都是妖怪，只是不知道是什麼妖怪，而且最麻煩的是居然只有孫小姐一個人看得到這些妖怪。

孫小姐還說，那個綠衣人在每次離去之前，總是會伸長了脖子舐三下舌頭，再跳三下，也不知道是什麼意思？

此時，孫香泉正在河南畢中丞家做幕僚，得知愛女得了怪病，非常著急，立刻請假回家，把孫小姐帶到當地一家廟宇裡頭，想要躲避那個綠衣人的糾纏，但是毫無作用。孫小姐還是癲狂的時候居多，難得清醒一回。

孫香泉有一個好朋友名叫顧晴沙，住在無錫，知道了這件事，就寫了一封信派人送去給孫香泉，信中告訴孫香泉，自古邪不勝正，要孫香泉趕快把女兒帶到無錫來，說他有辦法。

孫香泉抱著試試看的心理，就急急忙忙真的把女兒帶到無錫去。

一到顧晴沙家的大門口，孫小姐就大吵大鬧，死活都不肯進去，大夥兒費了好大的勁兒，才好不容易總算把孫小姐給拖了進去。

顧晴沙一望即知這顯然是有妖精在作怪。他對付妖精的辦法十分特別，居然是面對著孫小姐，不疾不徐、慢條斯理的開始講道，什麼三綱五常、君臣父子，全是一些偉大的大道理！孫小姐聽著聽著，愈來愈不耐煩，沒多久就開始五官扭曲，並且用雙手捂著耳朵，拚命一邊搖頭一邊大嚷：「什麼東西！我不要聽，我不要聽！」

顧晴沙才不管，任憑孫小姐怎麼狂吼狂叫，他還是那麼不慌不忙的繼續講道！

忽然，孫小姐一低頭，吐出了一錠白金還有幾顆小珍珠，然後大聲嚷嚷道：「哈哈！這是綠衣人給我下的聘禮，月中他就要來娶我了！」

到這個時候，顧晴沙想要用講道來驅魔的辦法算是失敗了。孫香泉只得又把女兒帶回家，然後提心吊膽的過日子。眼看月中就快要到了，全家人都不住的長吁短嘆。

就在月中快要到的時候，孫香泉寫了一封言詞懇切的信，派人火速送到河南給畢中丞，懇請畢大人幫忙找一個高人前來除妖。

後來事實證明，這封信很有效果，高人果然很快就來到了孫家，並且立刻開始設壇作法，一連大做了三天的法事。

等到法會結束，孫小姐果真恢復了正常，神智也清醒了。

直到這會兒，全家人才總算鬆了一口氣！

孫香泉問這位來自遠方的高人，女兒究竟是受到什麼妖怪的纏身？像他們家這樣的書香門第，又為什麼會招惹到這樣的禍事？

高人說：「小姐看到的那個綠衣人其實是一隻鼈精，青衣人是一隻蝦精，黑衣人則是一隻龜精，他們的老窩就在這石湖的湖心底下，多年以來你們家殺了他們太多的子孫，所以他們是特地前來報仇的。」

不過，這位高人也告訴孫香泉，他已經把這些妖精統統收服，所以孫小姐的怪病就這樣好了。

後來，孫小姐確實再也不曾發過那樣的怪病了。

這個名叫〈鼈精〉的故事出自《續子不語》。其中顧晴沙想要用講大道理來驅魔的情節，充滿了諷刺意味，讀來不免令人莞爾。

在《搜神記》中還有一個鱉精的故事也值得一讀。

話說在魏黃初年間，有一個人名叫宋士宗，家裡出了一個妖怪。如果透露一點，說這個妖怪是他身邊的一個重要的女人，大概很多人都會猜那一定是他的妻子，要不然就是小妾，不過，都不是，這個妖怪竟然是宋士宗的母親！

在某一年的夏天，在一個炎熱的午後，宋母告訴家人，說天氣太熱了，她想洗澡，於是僕人就替她準備了一個大木桶，放滿水，讓宋母舒舒服服的泡澡。

通常都會有僕人在一旁伺候，不過這天宋母有一點反常，她把所有的人都打發出去，說她要自己泡，還叫大家不要來打擾。

這樣過了很久很久，家人都不見宋母從浴室出來，而且浴室裡安安靜靜，幾乎什麼聲音都沒有，大家都覺得愈來愈詭異，也愈來愈不安。

有人提議，還是偷看一下吧。然後就有人從牆壁上一個小小的洞往裡頭偷看。

這一看，真是怪透了，居然看不到人。

家人馬上走進浴室想要澈底查看，這回更不得了，家人赫然發現澡盆裡居然有一隻大鱉！

更要命的是，先前插在宋母頭上的一根銀釵，這會兒竟然還在這隻大鱉的頭上！

（奇怪，那會是插在哪裡啊？）

總之，家人都十分震驚，原來母親變成了一隻大鱉！

或者說，原來母親是一個鱉精！

宋家人似乎認定是第一個假設，那就是母親不知道怎麼搞的竟然變成了一隻鱉。不過，他們並不害怕，也並不嫌惡，只是很傷心，一家人就這麼圍著這隻大鱉，守著這隻鱉不停的哭泣。

大家感覺鱉似乎想要離去，他們就輪流守著，不讓鱉離開。這樣過了好幾天，當大家的注意力慢慢放鬆下來的時候，有一天，這隻鱉逮著了一個機會，一溜煙的就跑出了門外。她的速度很快，家人在後頭追趕不及，就那麼眼睜睜的看著她跳進河裡去了！

（果然是妖怪啊，要不然鱉的動作怎麼可能會這麼快？）

家人都很傷心，站在河邊哭了很久。

過了幾天，宋母忽然回來了，無論是模樣或是神態都跟往常一樣，看不出有什麼異樣，只是不說話，任憑家人怎麼關心詢問，她就是一言不發。

她在家裡頭到處走了一圈以後，沒有交代任何一句話就走了。

這一次後，她再也沒有回來過。

（難道是因為上一回走得匆忙，所以特地回來對自己住過的屋子再做一次巡禮嗎？）

過了許久，不少人都勸宋士宗應該給母親辦喪事，卻都遭到了拒絕。宋士宗的理由是——「母親的外在樣貌雖然發生了改變，但是生命依然存在啊，怎麼能為母親辦喪事呢？」

所以，後來宋母雖然就這麼神祕的消失了，但是宋家始終沒有為她發喪。

關於猿的妖怪故事

在萬物之中，猿與我們人類同屬靈長目動物。在字典中是這麼來形容猿的，說猿「與猴同類」，還說猿「性慧，善模仿，形狀似人」。「性慧」、「善模仿」這兩個特點主要都是說猿很聰明。事實上，如果你盯著猿仔細的瞧，往往會產生一種強烈的不可思議的感覺，因為猿的動作看起來實在是太像人類了。

或許就是因為這個緣故，在中國妖怪故事中，自然少不了猿，而且猿出現在民間故事中的歷史還相當早。比方說，在春秋戰國時代就已經有一些關於猿的妖怪故事。

《搜神記》中有這麼一個故事，就是發生在春秋時代。

有一天，楚王在園林中遊獵，看見一隻白猿。

「嘿，那裡有一隻白猿！給我射！」楚王立刻下令箭手朝白猿放箭。

不料，這隻白猿還真厲害，箭手們的箭一射出去，非但射不到牠、傷不到牠，這隻白猿甚至還能輕輕鬆鬆的把箭統統抓住，然後發出冷笑。

（這簡直是《駭客任務》基諾李維徒手抓子彈的白猿版啊。）

楚王非常生氣，大聲下令道：「來啊，趕快派人把養由基給我找來！」

養由基是春秋時期著名的箭手，甚至有「春秋第一神射手」的美譽，楚王

的意思是要養由基來射殺白猿，不信就殺不了這隻白猿。

結果，白猿一看到養由基上場，還沒等到養由基放箭，就已經抱著樹幹開始痛哭了。

也就是說，養由基是一位如此鼎鼎大名的箭手，出名到就連白猿也認識他，因此一旦發現養由基竟然就在楚王的身邊，馬上就知道自己今天是難逃一死了。

這個故事就叫做〈養由基射猿〉。

不過，這不是唯一一篇標榜神射手的故事。有沒有可能這一類的故事是一些崇拜神射手的人所編出來的？或是牽強附會而來的？這些就不得而知了。

在《搜神記》中，緊跟在〈養由基射猿〉這個故事下面的是另外一位神射手的故事，這位神射手的名字叫做更羸。

更羸是戰國時期魏國著名的神射手。有一次，他向魏王誇口，說他射鳥不必真的射，只要虛拉一下他的弓，做做樣子，鳥兒就會掉下來，意思大概是鳥兒一看到他拉弓就嚇死了。魏王聽了，有點懷疑，就問：「難道你的射術真的可以達到這種出神入化的地步？」更羸說，不信的話可以試試看。就在這時，他看到有一群大雁剛好從東方飛過來，於是就虛拉了一下弓，結果真的有一隻大雁就這麼硬生生的掉了下來！

在一些關於猿的妖怪故事中，當這些猿化為人形，有著人類的面貌，並且能說著人話，做著人類所做的諸多世俗之事的時候，他們也需要一個人類的姓氏，這時他們往往就會姓「袁」。「猿」與「袁」正好同音，倒也相當合適。

在《太平廣記》中有一個妖怪故事，那個猿妖就姓袁。

唐朝初年，有一個名叫孫恪的秀才，因為考試不中，就在洛中一帶遊玩。有一天，他在一個湖畔看見一座大宅院，非常的富麗堂皇，所用的木料和裝飾看起來都還很新。孫恪駐足欣賞，這時剛巧有一個路人經過，孫恪便好奇的隨口問問這是誰的家？路人告訴他，這是袁家的宅第。

哪個袁家呢？路人說這個他不清楚，只聽說袁大人是一個大官，但是已經去世，如今只有袁小姐帶著一些奴僕居住在這所宅院裡。

孫恪聽了更加好奇，在此流連不去。不久，他注意到宅院旁邊還有一間小房，裡頭的簾子和帳幔都非常乾淨，看起來完全是大戶人家給看門人所準備的房間。孫恪忍不住走了進去，想要請看門人幫忙通報，看看能不能請好心的主人讓自己借住一宿。

不過，他沒找到看門人，到是很快的就巧遇了袁小姐，而且兩人一見鍾情。袁小姐不僅同意讓孫恪借住一宿，還願意讓他借住很多宿——也就是說，袁小姐非常大方的邀請孫恪同住，共享錦衣玉食的生活，而孫恪也接受了。

這樣過了三、四年，孫恪一直沒有離開過洛中。

有一天，孫恪忽然遇見隱居多年的表兄張閒雲，熱情的請表兄到家裡一敘。這個張閒雲有那麼一點《白蛇傳》中法海和尚的味道，就是喜歡多管閒事。在酒酣耳熱之際，張閒雲握住孫恪的手，非常嚴肅的對他說：「愚兄曾在道門學了些東西，剛才我對你仔細觀察，坦白說，你身上的妖氣很重，這到底是怎麼回事？」

孫恪一聽，嚇了一跳，但還是嘴硬道：「我沒碰到過什麼事啊，表兄你別胡說！」

張閒雲說：「你別不承認了，我看得出來，那股邪氣已經侵入了你的肺腑，你生命的根基已經動搖，這一定是遭到了妖精的侵害，你為什麼到現在還不肯面對現實呢？快說吧，這幾年你到底都碰到了什麼不尋常的事？」

在表兄的連番追問之下，孫恪只得把近況都老老實實的說了，這當中就包括了自己如何結識孫小姐並且喜結連理的經過。

「這就是了，這袁小姐在這世上沒有任何親戚往來，但是她的家道那麼殷實，她本人又是那麼聰慧、那麼有才能，這本身就很不正常啊。」張閒雲當即斷定袁小姐就是妖，並且把自己的寶劍送給孫恪，讓孫恪拿去斬妖。

就算孫恪漸漸相信袁小姐真的是妖，但是對於要不要去對付袁小姐，他還是挺猶豫的，他告訴表兄，自己一直窮途潦倒，直到遇到袁小姐，生活才大為改觀，袁小姐對自己有恩情啊，如果自己現在去除掉她，豈不是忘恩負義？不過，張閒雲再三告誡他，凡是妖精都終將害人性命，還是應該先下手以求自保，同時，張閒雲還逼問孫恪，恩情與性命到底哪個更重要？後來，孫恪終於被說動了，就收下了寶劍，藏在房間裡。

不過，還沒等到孫恪採取什麼行動，袁小姐就已察覺到他有了歹念。袁小姐先是把他臭罵了一頓，又搜出寶劍，然後當著孫恪的面，將那一把看起來很厲害的寶劍就像折一根藕莖似的，一點一點的折斷！

孫恪嚇得冷汗直流，渾身顫抖，以為自己一定是死定了，沒想到，袁小姐在折完寶劍之後，似乎氣就消了，只是笑道：「那姓張的以後如果還敢再來，我非要好好的羞辱他不可。」

接著就像沒事似的，又對孫恪說：「我都嫁給你好幾年了，你還有什麼好擔心的呢？」

於是，兩人言歸於好，並且就這麼幸福的相處了十幾年，還陸續生了兩個孩子。

後來，孫恪的仕途終於有了轉機，要帶著全家去赴任。在途經一座峽山寺的時候，袁小姐的情緒似乎特別激動，領著家人在寺裡來回走動，顯然對寺裡的裡裡外外都熟門熟路得不得了，就像是回家一樣。

事實上，這裡確實就是袁小姐以前的家。稍後，當她的家人——一群野猿看見她回來了，都在樹上衝著她哀鳴號叫。大概是敵不過親情的召喚，袁小姐抱著孩子哭了很久，然後淚流滿面的對孫恪說：「請君保重，我們永別了！」隨即就倒地一滾，變成了一隻猿，並且立刻縱身上樹，隨著她的家人去了。

之後，寺裡的一位老僧告訴孫恪，當他還是一個小沙彌的時候，寺裡養了一隻猿。開元年間，有一回內侍高力士經過這裡，看這隻猿聰明伶俐，非常喜歡，就用一束帛把牠換了去，說是要馴養在上陽宮裡。到了安史之亂，宮裡大亂，連皇帝都忙著逃命，這隻猿也就不知所蹤了。

孫恪聽罷，內心十分惆悵。他在寺裡停留了六、七日以後，就帶著兩個孩子往回走，不再去赴任了。

這個故事的名字叫做〈孫恪〉，在這個故事中，人妖相處和諧，而且不管是人或是妖，都表現得相當有情有義。

或許也是因為猿「性慧」，在不少猿妖的故事中，猿妖往往還會說一些機智深刻的話語。有一個同樣是出自《太平廣記》的故事就是這麼一個例子。

有一個名叫楊宗素的人，是一個出了名的孝子。為了給父親治病，楊宗素不惜傾家蕩產，可是還是治不好父親的病。有一個大夫甚至告訴他，他父親的病根其實是在心裡，因為他老人家的心被利欲所誘，已經離開了他的身體。

總之，大夫說，如果不吃活人的心，楊老先生的病是好不了的。這可真是讓楊宗素非常困擾，天下之大，可是要上哪裡去找活人的心啊？

既然此路不通，楊宗素心想：「也許我潛心修習佛法，再經常請人來家裡誦經，父親的病就總能夠好一點？」

除此之外，他也經常帶著飯食送去給深山寺廟裡的僧人，希望為父親多積一點陰德。

有一天，他在上山的時候，一不留神，誤走了另外一條山路，碰到一個瘦得只剩皮包骨的老和尚。楊宗素奇怪老和尚怎麼孤身一人坐在人跡罕至的樹林裡，難道不怕碰到野獸嗎？不料，老和尚竟然告訴他，自己本姓袁（又是姓袁），在這一帶已經住了很久，對這裡的一草一木以及所有的動物都充滿了感情，現在年老體衰，自知沒有多少日子可活了，所以他坐在這裡是為了等待，因為他想貢獻自己最後一點生命的價值，拿自己的肉身來餵餓虎。

楊宗素一聽，眼睛一亮，馬上向老和尚訴苦，並且央求老和尚，既然他都願意捨身餵虎，能不能乾脆把他的心貢獻出來救救自己的父親呢？

老和尚很爽快的就答應了，只不過表示希望能夠先吃飽再死，因為他已經好久都沒吃東西啦。楊宗素自然馬上就把手上的齋飯遞到老和尚的面前，恭恭敬敬的請老和尚享用。

過了一會兒，老和尚吃飽了，體力也恢復了，居然就地一躍，跳到了樹上，然後看著楊宗素說：「施主難道沒有念過《金剛經》嗎？《金剛經》上說，過去心不可得，現在心不可得，未來心不可得，所以，施主想要我的心，也是不可得的。」

說完，大叫一聲，搖身一變就化做一隻猿跑掉了。

不知道這隻猿妖是不是用這種惡作劇的方式，來取笑楊宗素竟然會輕信那個要吃活人心的非常可疑的診斷，還是取笑他「臨時抱佛腳」的舉動呢？

有著豐富文化意涵的虎

一提到妖怪故事中的虎，恐怕很多人很快就會想到那個喜歡吃小孩子的虎姑婆吧，但實際上虎——應該說「白虎」——原本也是「四靈」之一，就是說原本也是祥獸，是守西方之神。

不過，所謂「白虎」，並不是指渾身都是白色的老虎，那樣的白虎是生物學中稱之為「白化」現象的變種，是相當罕見的，而中國民俗文化中的「白虎」，這個「白」字是在五行以及方位的概念之下所加上去的。

中國的彝族有一種非常特殊的宇宙觀，認為當世界剛剛開始的時候，大地上什麼也沒有，後來是從「虎頭做天頭，虎尾做地尾」，一直到「虎鬚做陽光，虎牙做星星」……也就是說整個宇宙、整個世界都是從一隻老虎來的。

不只是彝族，從神話時代開始我們就已經可以看到虎的蹤跡。比方說，大家都聽過「西王母娘娘」吧，在很多神怪電影中，西王母娘娘都是一位雍容華貴的婦人形象，然而根據《山海經》的描述，這位西王母娘娘是一位半人半獸的神，模樣看起來挺嚇人，雖然有人的樣子，但是披頭散髮，基本上是虎和豹「二合一」的形象，有著滿口虎牙，外加一條豹的尾巴，善於咆哮。

大概是這樣的形象不怎麼美妙，於是就慢慢演變成美麗婦人的樣子，而老虎就成了她的使者兼坐騎。據說，西王母就是派她的老虎坐騎送了一份地圖去給黃帝。

道教的開山祖師爺張天師的坐騎也是老虎。江西貴溪縣的龍虎山至今仍是道教的聖地，為什麼叫做「龍虎山」呢，這是因為此地是由龍、虎兩座山所組成，兩峰對峙，因此得名。

在中國文化裡，「龍」和「虎」經常是緊緊的聯繫在一起，「龍虎山」就是一個典型的例子。在成語中，將「龍」和「虎」相提並論的情況更是不少，譬如「龍蟠虎踞」、「臥虎藏龍」、「生龍活虎」、「龍騰虎躍」等等，如果是兩強相爭，也經常會被形容成是「龍爭虎鬥」。

再加上在戰國時期老百姓已經普遍相信「畫虎於門，鬼不敢入」，老虎和神荼、鬱壘兩個神將成了最早的門神；「虎符」是古代兵權的象徵，盛行於戰國以及秦漢時期；白虎星下凡的人都特別厲害，都是一代武將（譬如郭子儀、薛仁貴等），但是因為「白虎」是征伐凶殺之神，「白虎當堂坐，無災必有禍」（譬如薛仁貴在被白虎附體之後就把雙親給剋死了）；另外一種也相當普遍的說法，則相信「白虎」出現是人間吉祥幸福的象徵；民間在端午經常會編

「艾虎」，就是用艾草編成的老虎，據說可以避邪……凡此種種，都可以看得出來虎的威嚴，以及老百姓對虎的畏懼。

虎確實是很可怕的，要不然孔子也不會說「苛政猛於虎」了。或許就是出於對虎深深的畏懼，再加上老虎會吃人的特性，隨著時光流逝，隨著民間傳說的發展和豐富，虎也就漸漸有了妖味，而在跟虎有關的靈怪故事中幾乎都脫離不了「吃人」這樣的情節。

在吃人之前，必須先提一個重要的「道具」，那就是虎皮。有很多這樣的故事，轉折點都在那張虎皮，可以說虎皮是人與妖、或者應該說是人與獸之間的分別；這種觀念對於古代老百姓來說幾乎可以說是一種常識。

我們來欣賞兩個同樣都是出自《太平廣記》的故事。

第一個故事叫做〈峽口道士〉。

據說在唐朝開元年間，在峽口這個地方經常有老虎出沒，因為從這裡來往經過的舟船很多，每逢經過這裡，經常會有旅客遭到老虎的吞噬。後來，時間久了，就慢慢發展出一個「犧牲小我、拯救大我」的不成文的規矩，就是說只要有舟船要從峽口這裡經過，大家就會先「公推」兩位「志願者」出來，以身餵虎，這麼一來，這兩個人固然是犧牲了，可是卻可以保全船上其他那麼多人的性命。

一天，有一條船即將要經過峽口。按照行之有年的不成文的規矩，大家要公推「志願者」了。由於這條船上的乘客大多都是有錢或是有勢的人，只有兩個是窮人，因此，這兩個窮人很快就被「公推」了出來。

其中一個窮人在得知已經被宣判了死刑以後馬上就哭了，在充滿悲哀的哭聲之中大聲抗議著命運的不公，難道窮人就不值得活命嗎？就應該為富人而犧牲嗎？另外一個窮人卻不哭不鬧，只是要求眾人不要急著離去，而是稍微等他一下。

此人心平氣和的對大家說：「人各有命，如果命運安排我得替各位去送死，我也不怨，不過，或許我命大還死不了，誰知道呢！……」

他要求待會兒在自己上岸以後，大家先不要急著離去，先把船停泊在灘下，稍等他一下，如果到了中午他還沒有回來，大家再走。

眾人被他如此從容、大度以及勇敢的態度所感動，經過決議，大家一致表示願意多給他一點時間，不只是停留到中午，甚至還會在此留宿一夜，等到第二天早上要是還不見他回來，他們再開船。

於是，在船暫時停靠岸邊之後，這個人手拿一柄長斧就上了岸。

（另外那個窮人則自此「消失」，故事中沒再提到他。）

手拿長斧的人在上岸之後，就開始尋找老虎的蹤跡。

走了一段路，他發現這裡處處都是老虎的足印。他張大眼睛，細心觀察，就這麼一直追蹤老虎的足跡。走著走著，山路愈來愈狹窄，森林愈來愈茂密，他離岸邊是愈來愈遠了，但是他不怕，仍然繼續盯著地上老虎所留下的足跡，不斷的往前找。

過了好一會兒，他來到一處山隘，這裡地上全是泥，老虎的腳印更多了。他繼續向前，又走了大約半里地的樣子，看到了一棟石屋。他悄悄走進去一看，屋內的陳設很簡單，只有一張大大的石頭床，床上睡著一個道士，睡得很熟，還直打呼嚕。在石頭床的旁邊有一個木架，木架上掛著一張老虎皮，這個人立刻就明白，眼前這個道士一定就是老虎精，這裡一定就是道士變老虎的地方。

（此人能夠這麼快就得出結論，可見當時很多人都知道「老虎精脫掉虎皮就會呈現出人形」這樣的

概念。)

接下來怎麼辦呢?他當機立斷,馬上躡手躡腳的溜進屋,然後輕手輕腳的從木架上把虎皮拿下來,披在自己的身上。

當他舉起斧頭,正想朝道士一斧劈下去的時候,道士醒了,一看到有個傢伙搶了自己的虎皮,立刻翻身而起,大怒道:「你為什麼要偷我的皮?我應該把你給吃掉!」

此人不甘示弱道:「現在虎皮在我這裡,應該是我把你給吃掉才對吧?」

(然而,就算他現在把虎皮披在身上,他也並沒有因此而變成妖怪,可見那個神祕的虎皮還是專屬於老虎精的,只是當老虎精一旦脫下了虎皮,不僅就變成了人,還失去了一切妖術,總之就是沒有辦法再對凡人不利;就像這個道士,發現虎皮被盜,什麼也不能做,就只能跟那個不速之客吵架。)

吵了好一會兒，沒有結果，道士說：「算了，我們不要吵了，我老實告訴你吧，我本來是生活在天上，因為得罪了天神，才被貶謫到這裡來做老虎，我得吃掉一千個人才能脫難，現在我已經吃了九千九百九十九個人，只差你一個人了！如果你不把虎皮還給我，我就得到別的地方重新再來一遍，再吃一千個人，才能完成任務，你忍心嗎？」

「可是，我把虎皮一還給你，你就要吃我了。」那人說什麼也不肯把虎皮交給道士。

最後，道士說：「這樣吧，我想到一個辦法，可以讓你保全性命，我也不用再重新殺生，不過這需要你的配合。」

「說來聽聽。」

「你現在拿著這張虎皮回去，回到船上以後，把你的頭髮、鬍子、指甲什麼的剪下來一些，再找一件舊衣服包裹起來，還要把你身上刺破，然後撒一點血在那件衣服上，等我來到岸邊，你先把虎皮丟給我，讓我把虎皮穿上，變成老虎，你再把那件舊衣服丟給我，我把那件舊衣服吃了，就會好像是吃了你一樣。」

「此話當真？」

「當真！」道士再三保證。

這個人看道士言詞懇切，確實也不像是欺騙自己，更何況反正只要虎皮還在自己的手上，道士就變不成老虎，也不用怕他。

於是，他就緊緊抓著虎皮，扛著斧頭，天還沒黑就回到了船上。

船上的同伴見他真的回來了，而且神態看來還滿輕鬆的，都很驚訝，連忙問他是怎麼回事？這個人就把道士教給他的辦法說了一遍。

當天晚上，這個人又剪頭髮又刮鬍子還刺破自己的手指，擠出一點鮮血，按照道士的吩咐，統統弄在一件舊衣服上。

等一切都準備好了，他抱著那張虎皮和那件舊衣服，靜靜的等待。

天剛朦朦亮，道士果然就來了。

這人一看道士站在岸邊，馬上把虎皮先丟了過去。道士接過虎皮，披在身上，抖了一抖，仰天長嘯，轉眼間就變成一隻可怕的大老虎！

這時，他趕快再把準備妥當的舊衣服丟過去，只見大老虎叼起衣服之後，很快就不見了。

據說，從此以後，峽口這裡再也不曾傳出有什麼老虎吃人的事情；大家都說，老虎精果真瞞過了天神，讓天神以為自己吃夠了規定的數目，所以當然就回到天上去了。

在這個故事裡有一點實在是頗堪玩味，那就是——如果「吃人」被天神當作是一項處罰，要吃那麼多、必須吃夠一千個人才能夠回到天上，這是不是表示「人」是很難吃的？

另外一個拿虎皮來大做文章的故事，篇名就叫做〈虎皮〉。

故事是說，有一個蒲州人，名叫崔韜，他在滁州一帶遊歷之後，準備南下歷陽。這天一早，他離開了滁州，晚上來到一個叫做仁義館的地方，要求借住一晚。

負責管理仁義館的官吏聽到崔韜的要求，很是為難，就跟他說，不是他們小氣不讓他借住，實在是因為這個地方很不吉利，到了晚上經常會有凶怪的事發生，所以勸他還是打消借住的念頭，還是另外找其他的地方去住宿吧。但是崔韜自恃膽大，非要借住不可。

到了夜深時刻，崔韜攤開鋪蓋捲正準備要睡的時候，忽然發現從仁義館的門縫下露出一隻野獸的爪子，緊接著大門猛然被撞開，一隻老虎就竄了進來！

崔韜大吃一驚，不過他的動作很快，馬上就閃到暗處躲了起來。

接下來發生的事情真是不可思議。只見大老虎走到院子裡以後，竟然把虎皮脫了下來，而且就在褪下虎皮的那一瞬間，大老虎不見了，站在院子裡的是一個非常漂亮的姑娘，然後還走上台階，進入室內，躺到了崔韜的被褥上！

此時崔韜大概是以為方才一定是自己眼花了，看錯了，於是就跟了進去，還問女子這究竟是怎麼回事？為什麼剛剛她進來的時候還是一隻大老虎，現在卻成了一個姑娘？

姑娘說：「我們家很窮，父親、兄長都是獵人，所以我才會有這張虎皮……」

姑娘還說，因為知道住在這個館裡的都是些仁人君子，她很想從中找到一個好對象，所以就在夜裡披著虎皮悄悄來到這裡，只可惜以往住在這裡的人都被她嚇死了，直到這天晚上難得才碰到像崔韜這樣達觀的人——

說到這裡，姑娘就羞答答的表示，說自己願意做崔韜的妻子。

崔韜居然相信了這番鬼話（可能是因為他想要相信吧），第二天早晨，他把那張虎皮扔進了一口枯井，然後就帶著妻子走了。

他們在一起生活了幾年，還生了兒子（有的版本說是一個兒子，有的說是兩個）。

過了幾年，崔韜即將出任宣城太守，在帶著妻兒一起赴任的途中，恰巧又經過行義館，崔韜笑著對妻子說：「這就是我們最初認識的地方啊。」

說著，崔韜還好奇的來到枯井邊察看，發現多年前被自己扔進去的那張虎皮還在。

妻子聽到了，就要求崔韜派人把虎皮取出來，然後，神態輕鬆的笑著說：「看看我還穿不穿得下？」

感覺上，就像她是要試穿一件舊衣服似的，然而，就在她重新套上虎皮的那一刻，她迅速的就地打了一個滾，竟然又變回一頭凶猛的大老虎！

變回大老虎之後，這頭大老虎不顧丈夫和兒子的哀求，也或許是牠變回老虎以後就已經完全忘記了身為人的那段記憶，總之，牠撲了上來，把他們都給吃了，然後揚長而去。

這個故事的結局實在是很可怕，也很慘烈。很多人總喜歡開玩笑的稱老婆為「母老虎」，崔韜這位妻子可是一位貨真價實的母老虎，崔韜也因此付出了慘重的代價。

我們再來看看另外一個有名虎妻的故事。這個故事同樣出自《太平廣記》，篇名叫做〈申屠澄〉。一直到今天，在山西還流傳著這個故事，故事中的時間和人名都很明確，只是故事名稱不同，叫做〈河東記〉（這個篇名似乎很容易令人聯想起「河東獅吼」這個成語）。

從前，在唐朝有一個讀書人，名叫申屠澄，經由科舉層層選拔，獲得了要到濮州什邡縣去擔任縣尉的派令。

申屠澄在貞元九年（西元793年，就是唐德宗在位期間）這一年的冬天，隻身出發，走馬上任。

走到距離真符縣東邊十里左右，遇到了大風雪。正在進退兩難的時候，申屠澄忽然看到路旁有一間茅屋，屋內透著火光，看起來一副非常溫暖的樣子。

申屠澄就像看到了救星，馬上上前去敲門。前來應門的是一個老先生，申屠

澄表示了自己的困難，老先生很好心，立刻就讓他進屋避寒。

屋內果真有一個火堆。老先生招呼道：「你凍壞了吧，趕快過來烤烤火。」

圍在火堆旁還有一個老太太和一個年輕的女子。老太太也熱情的招呼申屠澄趕快過去烤火，女子倒沒說什麼，只是淡淡的一笑。

這顯然是一家三口。此時仍然單身的申屠澄當然不免對年輕的女子要多注意一些。只見女子大約十五歲上下，雖然一身衣服又破又髒，頭髮也亂亂的，但是面容還是很美的，肌膚也很雪白，而且舉止挺柔媚。申屠澄瞄著瞄著，對女子很有好感。

外頭的風雪愈來愈大。過了好一會兒，看天色已晚，申屠澄對主人大膽相求道：「從這裡往西到縣城還有一段滿遠的距離，現在風雪這麼大，今天晚上我恐怕是走不了了，不知道我能不能就在這裡借住一宿呢？」

老夫婦都很好心，馬上就很慈善的說：「如果客人不嫌棄我們的屋子骯髒簡陋，那就請您住下來吧。」

說著，老太太還起身去熱了一壺酒，替申屠澄斟上，說是要替他去去寒氣。

中屠澄作揖謙讓，說要請主人先喝。此外，中屠澄看這壺酒老先生似乎原本只想讓自己喝，於是就主動表示請女子也一起喝；畢竟，天候如此嚴寒，大家都需要去去寒氣啊。

老夫婦倆笑道：「我們莊戶人家的粗丫頭，哪裡配得上陪客人喝酒。」

少女一聽，斜睨了父母一眼，一臉很不服氣的神態，中屠澄看到了，覺得她更加可愛。

在中屠澄的建議之下，老太太終究同意拉著女兒一起過來坐下。

這時，中屠澄覺得女子看起來不像是一般沒有文化的農家少女，有意試探一下，便提議道：「這樣吧，我們每個人在每喝一口之前，都先說一句典籍上的話，裡頭的意思要能切合眼下的情景，怎麼樣？」

老先生說：「好啊，那請先生您先說吧。」

「好的，我先說。」申屠澄舉杯，想了一下，然後說：「厭厭夜飲，不醉無歸。」

這是一句引述自《詩經》裡的句子。申屠澄覺得很能顯示自己的學問，說了之後內心還有一點小小的得意。

不料，少女聽了之後，淡淡的笑了一下，輕聲說：「像這樣的天氣，就算要歸又能歸到哪裡去呢？」

這番點評令申屠澄感到尷尬不已。

接著，輪到少女了。少女說：「風雨如晦，雞鳴不已。」

這句話同樣是出自《詩經》，但是論氣勢、論貼切，都比申屠澄所說的要高明多了。

申屠澄當場就被折服了。

他呆呆的看著少女，立刻就愛上了她。

又過了一會兒，申屠澄鼓起勇氣對老夫婦說：「小娘子如此聰明，幸而小生尚未娶妻，不知道有沒有這個福氣，能不能自己充當媒人，請求娶小娘子為妻？」

老夫婦互看一眼，相視一笑。少女則嬌羞萬分的低下頭去。

從他們的反應，申屠澄有一個直覺，那就是他們應該不會反對這樁婚事。果然，老先生說：「貴客如此抬愛，真是我們的福氣。我們雖然貧寒卑賤，但是這閨女向來很受我們的寵愛，我們對她也是從小嬌生慣養的，坦白說，這裡經常有一些過往客人，在見過小女之後，都曾表示過跟您完全一樣的意思，但是一方面我們不忍心和愛女分別，另一方面我們感覺女兒非常聰慧，應該為她留意一個如意郎君，所以雖然提親的人很多，但我們始終都沒有答應，如今既然先生有意，那我們就把愛女託付給您照顧了！」

申屠澄大喜過望，馬上把行李中所有值錢的東西通通翻出來，想要送給老夫婦。但是老先生推辭道：「我們什麼都不要，只求先生不要嫌棄我們，並且今後一定要善待我們的愛女就好了。」

「啊，我怎麼會嫌棄兩位老人家呢，請兩位放心，我一定會好好的珍惜她、愛護她的。」

說罷，申屠澄立刻又以女婿的禮節，鄭重拜見了岳父和岳母大人。

翌日清晨，風雪停了。老先生催促申屠澄趕緊帶著嬌妻去赴任。

少女或許是因為年紀實在是太輕了，在跟父母告別的時候，顯得非常的戀戀不捨。話別了許久，少女才有些不情不願的騎上了申屠澄的馬，和申屠澄一起離去。

中屠澄到任以後，儘管俸祿不多，但是年輕的妻子十分能幹，就靠著那麼一點微薄的收入，撐起了這個家。

更令申屠澄刮目相看的是，妻子待人處事也非常周到，凡是和她接觸過的人，從家裡的僕人一直到左右鄰里，都對她有很高的評價，連帶的也使得申屠澄的名聲遠播，人人稱善。能夠得到如此賢妻，申屠澄的內心一直是感念不已，在慶幸之餘，夫妻倆的感情也就更好了。

這樣過了幾年，申屠澄的任期屆滿了，準備帶著妻小一起返回老家。這時，他們已經是一家四口，有了一個兒子和一個女兒，兩個孩子都十分聰明懂事，申屠澄認為，妻子不但擅於持家，同時也教育有方。

他對妻子滿懷愛意與敬重，曾經寫過一首詩送給妻子，以表達自己真摯的情感：

一官慚梅福，
三年愧孟光，
此情何所喻，
川上有鴛鴦。

妻子經常吟誦這首詩，似乎也在暗地裡和了一首，但是申屠澄從來沒有聽她念出來過。妻子的解釋是：「作為一個妻子，不能不懂些文章學問，但是如果再去做詩，就會像小妾之流了。」

（在古代，通常都是那些青樓女子會跟才子們在一起寫詩、和詩。）

申屠澄聽了，也沒多說什麼。

等到申屠澄帶著家人踏上返鄉的旅程。因為中途會經過妻子的娘家，申屠澄原本以為妻子一定會很興奮，然而令他頗感意外的是，妻子竟然是從準備出發的時候開始，就一直是心事重重。

一天，他們來到嘉陵江邊，坐在草地上休息，望著滾滾奔流的江水，妻子似乎心有所感，就對申屠澄說：「你還記得你曾經送過我一首詩嗎？其實不久我就和了一首，我本來是不想告訴你的，但是今天面對這樣的景色，我實在是忍不住了——」

說著，她就念了出來：

琴瑟情雖重，
山林志自深。
常憂時節變，
辜負百年心。

念完詩以後，妻子潸然淚下，好像十分傷心。

中屠澄弄不懂妻子為什麼會這麼傷感，只能柔聲胡亂安慰道：「詩是寫得不錯，不過，山林之地，生活艱苦，實在是太委屈賢妻了啊……」

他又想，妻子或許是因為思念雙親才會表現得這麼脆弱吧，於是趕緊又勸道：「我們很快就會見到你的父母了，你應該高興才對呀，何必如此悲傷？」

妻子黯然道：「我怕再也看不到他們了——」

中屠澄無言。過了半晌，他只能說：「人生在世，所有的因果緣分都是早就注定好了的，甚至是在前生就已經注定的，賢妻一定要想開才是——」

又過了將近一個月，他們全家終於來到了妻子的老家。只是，茅屋還在，兩位老人家卻早已不見蹤影。

這天，他們打算就睡在茅屋裡，稍事休息。在打掃的時候，中屠澄發覺妻子好像愈來愈傷心了，竟垂淚飲泣不止。

中屠澄被妻子反常的舉動弄得有些手足無措。正在想著該怎麼樣才能安慰妻子的時候，妻子從牆角一堆舊衣服裡頭發現了一張虎皮，頓時眼睛一亮。

「啊，真沒想到原來這東西還在。」說罷，妻子就把虎皮抽出來，撣掉上面所積的灰，然後就順勢把虎皮往身上一披——

不可思議的事情發生了！在披上虎皮的那一瞬間，中屠澄的妻子竟然立刻就變成了一隻大老虎，然後咆哮著破門而去！

後來，中屠澄因為捨不得妻子，還帶著兩個孩子到處尋找妻子的蹤跡，一直找到一座深山，足跡才漸漸消失。

中屠澄猜想，愛妻一定是回歸山林去了。想到往日的夫妻恩愛，家庭和睦，中屠澄和兩個孩子望著大山痛哭了好幾天以後，才悵然離去。

比起崔韜父子，申屠澄這一組親子的運氣顯然比較好，因為老虎精恢復原形之後，並沒有吃掉他們，只是就那樣跑掉，不知所蹤而已。

按民間傳說和靈怪故事中的邏輯，在〈虎皮〉那個故事中，崔韜父子的悲劇還沒有結束，因為被老虎吃掉的人會變成「倀」，這是一種大約一尺高的小鬼，要負責幫老虎再找人來吃。「為虎作倀」這個成語就是這麼來的，意思是說，明明自己原本是惡勢力的受害者，可是後來卻還反過來幫惡勢力繼續去危害他人（儘管往往是被迫，至少一開始是被迫）。

要脫離惡勢力固然不容易，可是成為惡勢力的幫凶不能不說仍然是一種墮落和可悲。

也有少數一些關於老虎精的故事，主人翁並不是依靠虎皮才變成妖怪，而是受到嗜殺、嗜血、嗜肉的欲望所驅使，才會從人變成了老虎。

有這麼一個故事，從表面上看，主人翁好像就是突然從一個普通的人變成了吃人的老虎，就好像卡夫卡的名作《變形記》中，主人翁毫無徵兆、毫無預警的就突然從人變成了甲蟲一樣。

這個故事叫做〈范端〉。

傳說從前在四川涪陵這個地方，有一位里正，名叫范端。（「里正」一職，相當於今天的里長）

范端為人強勢彪悍，辦事幹練，州縣官府都經常差遣范端為他們辦事。

有一天，縣官接到一個不可思議的控訴，說范端竟然變成了一頭大老虎！而且還經常把野生的老虎引進村子裡頭，讓牠們盜食牛羊牲畜，危害鄉里的情節非常嚴重，請老爺為大家想想辦法。

「荒唐！這一定是誣告，人怎

麼可能變老虎？天底下哪裡會有這樣的事！」一開始，縣官根本不予理會。

等到前來控訴的人多了，也就是當愈來愈多的百姓都來指證他們的里正會經常變成老虎以後，縣官只得把范端叫過來問話。

范端說：「大人您看，我現在不是好端端的站在您的面前，怎麼可能會變成老虎？」

接下來，地方上倒是平靜了很久，沒有人再來報告說看到里正變成了老虎。

直到一天夜裡，一隻老虎在半夜的時候鑽到一戶農家的倉庫裡偷肉吃，到了天亮的時候被困在倉庫裡，跑不出來了。村人見機不可失，就趕緊合力把老虎團團圍住，結果老虎在傷害了幾個人以後突圍而去。有人說，當老虎消失在叢林的那一瞬間，親眼看到牠又變成是范里正的模樣。

於是，眾人又紛紛跑到縣衙去，請求縣官為他們除掉這位「虎里正」。

儘管縣官還是不敢置信，但也只能像上次一樣把范端再次找來問話。

范端來的時候，有些醉醺醺的樣子，面對縣官的再次詢問，這回他很快就招了，他所招供的內容可真是把縣官給嚇了一大跳！

范端說：「我也不知道是為了什麼，總想吃生肉，有一次夜裡曾經到東邊鄰居家的豬欄內偷吃過一頭豬，覺得滋味很好，讓我念念不忘，總想著還要吃，但平常又弄不到那麼多的生肉，這麼一來，見到長得肥頭大耳的人，我自然而然的就會蠢蠢欲動……」

縣官聽得目瞪口呆。

范端還說，他很想找同伴，有一天夜裡，他遇到兩隻老虎，就一起捕獵，不管捉到什麼大家都分著吃……

范端說了很多，並且強調自己的身體何時會產生變化，何時會從人變成虎，他自己也不清楚，更談不上控制。

縣官看范端一副神智不是很清醒的樣子，再加上他所講的事情實在是太詭異了，讓人難以接受。漸漸的，縣官又不怕了，因為他跟本就不信了。縣官把范端教訓了一通，大意無非是提醒他身為里正，大白天就喝酒喝得這麼醉醺醺的，成何體統，要范端以後要注意一點。教訓了一陣子之後，縣官就放他走了。

當天夜裡，范端就不見了。

過了幾天以後，他又回到家裡，從外表上看來跟他失蹤之前並沒有什麼不同。

家人都感到非常狐疑，也有點兒害怕，但也不敢多問。

范端在家裡住了三、四天。在這三、四天的時間裡，每到黃昏，就聽到有野老虎在村外吼叫，聽到的人都感到汗毛直豎，大家都非常恐懼的想著，難道這些野老虎是來叫范端的嗎？

村裡的百姓都愈來愈害怕，不斷去向縣官請願，請求盡快把范端給殺掉。范端的母親感覺到壓力愈來愈大了。她也覺得兒子不大對勁兒，但是再怎麼不對勁兒，她當然還是不願眼睜睜的看著兒子被處死，於是，她命令范端趕快離開！

范端見母親如此堅持，只好哭著辭別了母親走了。

過了幾天，有人在村外看到了三隻老虎，其中一隻的左後爪上居然是套著靴子！

很快的，范端的母親聽說了這件事，心想那一定是兒子。在思兒心切的情況之下，她就獨自走進山谷裡要去尋找兒子。找了很久很久，老太太真的看到了三隻老虎，並且其中一隻的左後爪上也果真套著靴子！

老太太非常激動，忘記了害怕，當即癱在地上失聲痛哭！

這時，三隻老虎也都看到她了，兩隻默默的走開，套著靴子的那隻則單獨留了下來，臥在草地上，模樣非常溫和。

范端的母親走上前，一直走到那隻老虎的身邊，老虎始終保持靜止的狀態，動都不動一下。

接著，老太太捧起老虎的左後爪，替牠把靴子脫掉，不料靴子裡竟然還是人的腳！看起來真是怵目驚心！

范端的母親確定眼前這隻老虎就是自己的兒子，不禁悲從中來，抱著老虎大哭不止！

過了很久很久，老太太才又獨自踉踉蹌蹌的下山。

在這之後，很多村人都看到過這三隻老虎，三隻老虎總是結伴而行，這時，大家就會高呼一聲「范里正！」，就好像是以前碰到范端的時候一樣，而每次一聽到這樣的呼喚，那隻套著靴子的老虎總是一邊隨著同伴離去，一邊頻頻回顧，臉上還表現出很悲痛的樣子。

虎蘊含著豐富的文化意涵，一直到現在，不僅民間美術中虎的形象到處可見，很多民俗也與老虎有關，譬如讓新生嬰兒戴虎頭帽、穿虎頭鞋、睡虎頭枕，如果用「虎頭虎腦」來形容一個孩子往往也是一種讚美，形容這個孩子很有精神也很有朝氣。

聰明漂亮的狐妖

在所有妖怪故事中既然是以動物妖怪居多，而一講到動物妖怪，有一個動物是怎麼樣也不可能漏掉的，那就是狐狸。

狐狸的樣子很漂亮，又很聰明，動作靈巧，還帶著那麼一點兒貴族氣。法國著名的動物史詩《列那狐》，主角就是一隻足智多謀到可以稱得上「狡猾」的狐狸，名叫「列那」。《伊索寓言》中，狡猾的狐狸滿坑滿谷。迪士尼在西元1973年推出的卡通長片《羅賓漢》，也是以狐狸來扮演主人翁羅賓漢，看起來很有說服力。

而在中國妖怪故事中，自然也少不了狐狸，「聰明」和「漂亮」往往也是狐妖的兩大特色。一個聰明的人，如果存心要對別人使心機，甚至心術不正，就會狡猾，聰明的妖怪也是一樣，狐妖總是有點兒狡猾的，經常都會設下陷阱讓人不知不覺的跳下去。想想無論是東方或是西方，看待狐狸的角度以及對於狐狸的想像竟然如此相像，也真可謂是英雄所見略同了。

提到狐妖，相信很多人一定都會馬上就聯想到清朝蒲松齡的《聊齋誌異》。《聊齋誌異》是中國古代傑出的文言短篇小說集，被譽為「中國文言短篇小說之王」，全書四百九十一篇，主要都是取材自民間口頭傳說，也有蒲松齡根據古代故事改編以及加上自己想像創作的作品。因此，與其說《聊齋誌異》裡有大量狐妖的故事，不如說民間傳說（當然包括妖怪故事）中本來就不乏狐狸的身影。

大概就是因為《聊齋誌異》裡頭漂亮能幹又對男主角深情款款的母狐狸實在是太多了（難怪有人說《聊齋誌異》根本就是一個窮書生的白日夢啊！），所以給人一種感覺——好像「狐狸精」都是母的！其實公的也不少。

在《搜神記》中有這麼一個故事，裡頭的妖怪就是一隻公狐狸。

這個故事發生在晉朝。在一個叫做吳興郡的地方，有一個人，有兩個兒子，平常下地幹活都是兩個兒子的事。

故事的開始是因為有一件事深深困擾著兩個兒子，那就是他們明明已經承擔了全部繁重的農活，為什麼父親還不滿意，近來總是動不動就跑到田地裡來大呼小叫，對他們態度惡劣，還動輒打罵，兩個兒子的心裡都感到十分委屈。

這樣過了一段時間，他們實在是受不了了，就跟母親訴苦。母親一頭霧水，跑去問丈夫，丈夫一聽，更是大吃一驚，因為他根本就沒有去田裡啊，怎麼可能如此虐待兩個兒子？

這到底是怎麼回事？父親心想，一定是有什麼妖怪變成自己的樣子在搗蛋，就要妻子轉告兩個兒子，如果下次再看到那個妖怪就趕快用亂棒打死。

然而，由於牽掛兒子，這個父親還是親自來到田地想看看兒子，他竟然忘記了自己對兒子的吩咐！結果，就這樣陰錯陽差的被兩個兒子錯當成是妖怪而活活打死了。

實際上，這樣悲慘的局面正符合那個妖怪的心意。打從一知道父親交代兒子要打死那個變成自己模樣的妖怪時，妖怪就知道暫時不用再去田裡了，只要耐心等待就行了。

於是，妖怪仍然變化成父親的樣子，大模大樣的回到家，慈祥無比的迎接兩個兒子。這天晚上，一家人還高高興興的大吃一頓，慶賀除妖。

這樣過了好幾年。有一天，一個法師經過他們家門口，無意中朝裡頭看了一看，然後對當時剛好就站在門口的兩個兒子說：「你們父親的臉上有一股很濃的妖氣啊。」兒子也不知道是覺得好玩可笑還是怎麼就進屋把這話說給父親聽，父親非常生氣，兒子見狀就轉頭出來匆匆告訴法師，說父親很不高興，要法師趕快走。然而法師非但不走，還乾脆念著咒語逕自走進他們家，結果，好端端的父親竟然立刻就變成了一隻大狐狸！

這個時候，兩個兒子才驚恐的發現原來多年前他們是把真正的父親給殺了，而且這麼多年來還一直是認一隻狐妖做父親！

他們合力捕殺了這隻大狐狸，並且為枉死的父親補辦喪事。可是，即使這樣仍然無法減輕兩人心中沉重的負歉，最後，一個兒子因此自殺，希望以死來贖罪，另外一個兒子則終日陷在痛苦之中，不久也死了。

在眾多狐妖的故事中，有一個比較特別的現象，就是不少狐妖都是滿愛學習，肚子裡也還滿有墨水的。有一個小故事，可以視為一個典型。

這個故事是說，大學問家董仲舒正在教書講經誦讀，有一個客人前來拜訪，董仲舒一看就知道這個客人不是一般人。

（至於董仲舒是怎麼知道的，並沒有說明。）

過了一會兒，客人說：「要下雨了。」

董仲舒聽了，就開玩笑的說：「巢居知風，穴居知雨。卿非狐狸，則是鼷鼠。」

意思是說，住在鳥巢裡的知道颳不颳風，住在洞穴裡的知道下不下雨，你不是狐狸，就是鼷鼠。

「鼷」是一種灰黑色的小老鼠。這個不尋常的客人大概是不願被懷疑是鼠輩，頓時就變成了一隻老狐狸。

有很多民間故事都會扯上歷史人物，或者應該說有很多歷史人物因為其性格或是不凡的事蹟為老百姓所景仰，始終活在老百姓的心中，久而久之就自然產生了許多與之有關的故事，譬如關公、玄奘（就是《西遊記》裡的唐三藏）、岳飛、包公、劉羅鍋等等，上面所說的這個小故事則是扯上生活在西元前的西漢著名思想家、同時也是大學問家董仲舒（西元前179-前104）。一個狐妖，居然會跑來聽董仲舒上課，可見有多麼的好學。

不過，所謂「謙受益，滿招損」，這個道理在妖怪身上同樣適用。有一隻狐妖，就是因為鋒芒畢露結果招致禍害。這同樣是發生在晉朝的故事。

晉惠帝時有一個人名叫張華，擔任司空一職。

有一天，張華接見了一個自稱是慕名前來拜訪的少年。這個少年長得很漂亮，皮膚潔白如玉，風度翩翩，而且還很有學問，天文地理無一不通，對答如流，張華在驚嘆之餘，有了一個結論——「天下哪有這樣的少年！如果不是鬼魅，就一定是狐妖！」

張華還不只是說說而已，馬上就派人在外頭防守。

這時，少年說：「您應該禮賢下士，怎麼能忌恨別人有學問呢？」

此話一出，情況就更糟糕了，少年想要告辭，張華竟然不准！

同時，更狠的是，張華聽了身邊人的建議，還立刻放了獵狗過來試探。因為狐狸總是怕獵狗的。

然而，少年不怕，還堅稱「我就是天生才智，你用狗來試我，就以為能傷害我嗎？」

這麼一來，他更是走不了了。

有人又告訴張華，狗只能識別幾百年的怪物，如果是千年老精，狗是沒有辦法的，只能用千年枯木來照才會讓妖怪現出原形。

那麼哪裡才有千年的枯木？有人就想到燕昭王墓前的華表木據說已經有上千年以上的歷史。所謂「華表木」，源自於堯，是古代用來表示王者納諫或是指路的木樁。

張華聽了，就立刻派人去找燕昭王墓前的華表木。

當士兵們好不容易找到了，正要砍伐的時候，出現一個青衣小孩，問他們怎麼回事，問明之後就大哭道：「這個老狐狸不聽我的話，非要去，如今果真連累到我了！」

原來，華表木也成精了，可以幻化成青衣孩兒的模樣，而狐妖因為長期生活在燕昭王的墓前，和華表木精很熟，當初，狐妖幻化成翩翩少年以後，曾經問過華表木精：「你覺得憑我的才貌，能不能去會見張司空呢？」華表木精的回答是：「可以是可以，但是張公明智而博學，你去了必定會遭到侮辱，恐怕是回不來了，到時候不但會失去你千年修煉的本體，只怕還會連累我，讓我也遭受災禍。」

然而，狐妖不聽老友的苦勸，還是執意要去。

在眾人砍倒華表木的時候，千年枯木竟然流了血，他們再把這個枯木拿回去點燃之後來照少年，果然是一隻狐狸。

最後，這隻狐狸當然也被殺了。張華甚至還得意洋洋的說：「這兩個妖怪如果不是遇到我，只怕千年之內也不會被人擒獲！」

在這個故事中，狐妖和華表木精都滿冤枉的，他們並沒有做什麼壞事，更沒有加害人類，卻遭到如此悲慘的命運。而且這個故事把張華描述得那麼神，以至於一隻千年老狐狸只不過是因為想去會會他而送命，也讓人不禁有點兒懷疑，這個故事是不是當時某一個為了要拍張華馬屁的文人所編出來的啊？

在《搜神記》中還有一個故事，也強調了狐妖的好學。

這個故事是說，在吳地有一個白頭髮的老書生，自稱「胡博士」，因為很有學問，講課又生動，很受歡迎，弟子很多。

有一天，胡博士無故失蹤，弟子遍尋不著，一個個都很擔心，也很失落。

直到九月初九重陽節這一天，弟子們相約登山，忽然聽到胡博士講課的聲音。大家都很激動，馬上循著聲音找去，不久竟找到一座空墳，看見一群狐狸在墳前排排坐，乖乖聽講。

一聽到有動靜，這群狐狸立刻一哄而散，四處奔逃，只有一隻老狐狸沒有離開，動也不動。

後來大家才知道，原來這隻老狐狸正是胡博士。

不過，話說回來，在眾多關於狐妖的故事中，不可否認那個狐妖多半都還是母的，故事主題也總是離不開愛情。現在我們就來看看一個典型的故事。

話說在明朝天順年間，在浙江有一個姓蔣的生意人，經常至江西和湖廣一帶做生意。

蔣生二十多歲，長得很俊，同伴們經常開他玩笑，都說憑他的條件當個駙

馬爺都不成問題。因此，蔣生有一個外號，就叫做「蔣駙馬」。

蔣生對自己的外貌也頗為自負，因此僅管家人已經不止一次催促他該準備成家了，蔣生卻總是說一定要找一個絕世美女不可。結果找來找去，始終沒有遇到能夠讓自己一見傾心的美人。

有一次，蔣生來到湖北漢口辦貨，住在一家客棧裡。客棧的主人姓馬，是當地一個官宦馬少卿的家人，這家客棧實際上就是得到馬少卿的幫助，才有了開店的本錢。

馬少卿的家離客棧不遠。馬少卿有一個女兒，名叫馬雲容，常常在繡樓上隔窗向街上看著好玩。有一天，當馬小姐又坐在窗前用眼睛來「逛街」的時候，剛巧被正在客棧裡的蔣生看到了，蔣生立刻驚為天人，兩腳居然就自動朝著馬家走去，一直走到馬小姐的繡樓下，還仰著頭痴痴的看著。

馬小姐也看到蔣生了，看他英俊，也忍不住端詳了好一會兒，然後才不好意思的離開了窗邊。

稍後，蔣生一回到客棧，馬上就向店家打聽那個漂亮的女孩子是誰？得知原來是一位官宦之家的千金，心還沉了一下，暗暗想著，自己只不過是一個生意人，還是一個外地人，門不當戶不對，如何配得上人家千金大小姐？

然而，理智是理智，感情是感情。儘管明知配不上，蔣生還是無法自拔的對馬小姐千思萬想，每天都在想著到底該怎麼做才能夠接近她？

這樣過了幾天，蔣生終於有了一個主意。他準備了一箱絲綢之類的貨物，拜託客棧裡一位店小二引路，帶著他來到馬家上門推銷。

馬家女眷全都圍了過來，饒有興致的看貨，馬小姐也來了，她除了看看絲綢，也會看看這個年輕的客商，兩人不時四目相對，蔣生明顯感覺到馬小姐對自己似乎也頗有好感，心裡更加飄飄然。

這天回去以後，蔣生的相思病就變得更加厲害了。

萬萬沒有想到，就在不久之後的一天夜裡，蔣生正在床上輾轉反側難以入眠之際，忽然聽到外面一陣輕輕的、但是有些急促的敲門聲。

「誰啊？」蔣生問了一句。

無人應答。敲門聲又響了幾聲。

蔣生只得翻身下床。門一開，陰暗中一個女人就迅速的閃了進來。

仔細一看，蔣生張大了嘴，只差沒當場就昏了過去！

原來竟是他朝思暮想的馬小姐哪！

「小姐你——」蔣生張口結舌，簡直不知道該說些什麼才好。

馬小姐倒很大方，看到蔣生一臉吃驚以及疑惑不定的神情，馬上主動說明：

「郎君不要懷疑，我就是馬雲容——」

馬小姐說，她知道蔣生對自己有

意，而她也很鍾情於蔣生，所以今夜才會趁家人都已熟睡之後，溜出來與蔣生相會。

這會兒蔣生真是高興得快要暈倒啦。

兩人共度了一段美好的時光之後，馬小姐再三叮囑蔣生，說自己的家教很嚴，如果不是為了追求愛情，自己是萬萬不可能做出如此大膽的事情，為了以後還能夠經常相會，馬小姐首先要求蔣生千萬要保密，同時白天也不要再去馬家門口徘徊，以免惹人生疑。

對於馬小姐的囑咐，蔣生自然是頻頻保證一定會做到。

從此，一到入夜，不管同伴如何邀約，蔣生總是堅決推辭，哪兒也不去，就是待在房裡痴痴的等著馬小姐，而馬小姐呢也總是在夜深的時候悄悄溜過來相會，然後在天亮以前離去。

這樣過了一段時日，蔣生的精神漸漸有些倦怠，整個人也消瘦了些。同伴們看他現在白天的時候總是精神不濟，還老是打呵欠，做生意也漫不經心，晚上又總是躲在房裡，對於眾人的邀約總是不肯參加，諸如此類種種奇怪的現象，讓大家逐漸都起了疑心。

一天晚上，同伴們乾脆來個突襲檢查，毫無預警的跑到蔣生的房間，結果剛到房門外就聽到裡頭有女子的聲音，還清清楚楚的聽到蔣生與女子調笑的話語。

大家恍然大悟，紛紛說：「原來蔣駙馬在房裡藏了一個女人啊，怪不得白天總是沒精神了。」

說完，便都不以為意，各自散去。

唯獨有一個叫做夏良策的人，因為平時與蔣生比較接近，交情比較好，總還是有一點擔心，因此第二天就直接了當的問蔣生，什麼時候在房裡藏了一個女人？

蔣生面紅耳赤的矢口否認。

夏良策說：「你還要賴，昨天晚上我們在外頭都聽見了！」

蔣生一聽，更是滿臉漲得通紅。

夏良策繼續說：「大家出門在外做生意，都不容易，你如果真的是弄了一個女人也就罷了，只要注意別太過放縱，還是要多多保重身體，這樣的話我們也不會多管你的閒事，我只是擔心你年紀輕輕的可不要是中了什麼妖邪才好。」

一聽此言，蔣生自然是連連否認，「怎麼會！沒這種事的，兄台不要胡思亂想，小弟只是近來有些勞累而已，沒事的。」

既然如此，夏良策也不好再多說什麼，只能說：「好吧，你自己小心就是了。」

又過了一段時日，蔣生的精神更差了，人也益發消瘦。夏良策看了，十分著急，又跑來對蔣生說：「你一定是碰到了什麼怪事，不要再隱瞞了，還是趕快告訴我吧，讓我幫你斟酌斟酌，我發誓絕對不會告訴別人的。」

蔣生看好友這麼關心自己，相當感動，再加上這段時間以來自己也感覺有些支持不住了，於是就在「兄台千萬要為小弟保密」的前提下，把自己和馬小姐幾乎夜夜相會的事情說了。

夏良策一聽，立刻就說：「哎呀，你怎麼這麼糊塗啊！人家是官宦之家，高門深戶，一個女子怎麼可能夜夜都溜出來而從未被人發覺？再說，這個客棧裡也是人來人往，就算她天天都是夜裡來然後在黎明之前離開，這麼一段時間以來，怎麼可能從來不曾被人撞見過？」

一陣寒意頓時爬上蔣生的脊背，「你——你——你這是什麼意思？——」

「我敢說來人一定不會是馬小姐！」

「不，一定是她！」蔣生堅持道：「因為之前我見過她的，我敢肯定就是她！」

「這不合情理啊……」

然而，無論夏良策如何分析、如何勸說，蔣生就是聽不進去，後來夏良策見蔣生好像都快要跟自己翻臉了，只得暫時打住。

當天晚上，夏良策一夜都沒有合眼。他感覺到如果再這樣下去，好友一定性命不保。可是，蔣生現在完全被那個妖孽給迷住了，該怎麼樣才能夠讓他醒過來？……

想了一夜，夏良策終於想到了一個好主意。

（難怪他的名字就叫做「良策」啊。）

隔天，快要天黑的時候，夏良策拿了一個粗麻布袋過來給蔣生，對蔣生說：「我這包東西能夠辨別正邪之物，今天晚上你就交給馬小姐，如果她真是馬小姐，這包東西對她沒有妨礙，絕對不會傷害她，可如果不是，明天早上這包東西就會幫你找到她的蹤跡。」

「裡頭是什麼？」

「你別管，反正請你相信我，我是一心為你好，請你無論如何一定要照我說的話去做，只要確定真是馬小姐，我就放心了，你不是也可以安心了嗎？」

其實，好一段時間以來，蔣生的內心也有些疑惑，自從前天聽了夏良策的一番分析之後，更是頗為動搖，只是他因為感情用事，硬是把那些不安與疑惑強行壓制，現在看好友說得如此懇切，蔣生覺得如果自己還那麼拒絕好友的好意，也實在是太說不過去了，於是就答應了下來。

「記住，一定要她等到回去以後再打開。」夏良策再三強調。

「知道了。」

當天夜裡，馬小姐仍然準時來敲蔣生的房門，蔣生很快就去開門讓馬小姐進來。一切如常。

翌日清晨，在她離去之前，蔣生把那包東西交給她，並且按好友所言一再叮囑馬小姐一定要等回去以後再看。馬小姐沒有多問，高高興興的拿了就走。

馬小姐走後，蔣生倒頭就睡，一直睡到中午才起來。

他的精神和體力真的是愈來愈不行了。

才剛剛起身，蔣生就看到床前都是些碎芝麻粒兒。再往前看，這些碎芝麻粒一路撒了出去。

蔣生頓時明白了夏良策的用意；因為碎芝麻粒兒會不斷從粗麻布袋裡頭漏出來，夏良策顯然是要用這個方法讓他跟隨馬小姐的腳步，看看馬小姐在離開他這裡以後到底會上哪兒去？

（這一段情節和《格林童話》中的〈韓森與葛娜德〉，也就是〈糖果屋〉真的是有異曲同工之妙啊。）

這麼一想，蔣生立刻跳下床，匆匆穿好衣服以後，就仔細循著地上的碎芝麻粒兒慢慢摸索。

他決心一定要把這個事情弄個明白。

結果，他很快就發現，那些碎芝麻粒兒竟然真的並不是通往馬家，而是漸漸出了城！

蔣生的心頓時涼了半截。不過，他還是打起精神，繼續追蹤，就這麼一路找到了山下的一個狐狸洞！俯身一看，一隻母狐狸正在裡頭呼呼大睡呢！

蔣生捶胸頓足，氣得大吼大叫！

狐狸被驚醒了，看了一眼蔣生，馬上又變成馬小姐的模樣，這麼一來，蔣生就更氣了！

「啊，你再變也沒有用了！」蔣生大怒道：「沒想到真的是你這個狐狸精來害我啊！」

「馬小姐」受到責罵，默默走到蔣生面前，拉起蔣生的手，一副楚楚可憐的樣子，柔聲道：「既然郎君已經識破我的真面目，看來我們的緣分已經盡了——」

這時，蔣生雖然已經明知眼前這個女子不是馬小姐，但因為所面對的又確實是馬小姐的芳容，竟令他因此又不免頗有些依依不捨起來。

「馬小姐」告訴蔣生，自己在山中修道已經超過一千年了，所以可以自由幻化成人形，因為傾慕蔣生，在獲知蔣生暗戀馬小姐以後，遂變成馬小姐的樣子來跟蔣生相會……

「馬小姐」說得情真意切，蔣生的心裡也覺得滿感動的。

「馬小姐」繼續告訴蔣生，她對蔣生的感情是千真萬確的，現在蔣生為她傷了身體，她一定要把他治好，同時，既然蔣生喜歡馬小姐，她就為蔣生把馬小姐娶過來，這樣也算回報蔣生這段期間以來的恩愛之情。

那麼，要怎麼做呢？

「馬小姐」轉身從洞裡摘了一些少見的草，捆成三小束，交給蔣生，對他說：「你回去以後，把第一束煎了，倒進木桶裡的洗澡水，好好的泡一個澡，包你立刻恢復元氣，健壯如故。再把第二束草偷偷撒在馬家門口，馬小姐就會立刻生癩瘡，但是你不要急，要耐心等待一個最恰當的時機，再把第三束拿去要她的家人煎好摻進水裡，讓她洗滌，她的癩瘡馬上就會好，這麼一來，她就會屬於你了──」

說到這裡，「馬小姐」停下來，深情的望著蔣生，幽幽的說：「只是將來你們夫妻生活美滿的時候，可不要忘了我這個媒人啊。」

蔣生不知道該說些什麼好，捧著那三小束不知名的草，只能默然。

「馬小姐」一轉身，又變回狐狸，一縱身就跳進了密林深處，很快就不見了蹤影。

稍後，蔣生一回到客棧，按照「馬小姐」的叮嚀，先把第一束草煎好，摻進洗澡水，洗浴一番，然後蒙頭大睡。第二天一早醒來，頓覺神清氣爽，活力十足！

「啊，真舒服！」蔣生很高興。他已經很久沒有這種充滿朝氣和幹勁的感覺啦。

同伴們見了他，也都頗為驚奇，紛紛說：「喲，你好像精神很好嘛！」

夏良策把蔣生拉到一邊，低聲問道：「昨天早上怎麼樣？你跟過去了嗎？你找到了什麼？」

蔣生支吾以對。他不想把細節統統交代，於是就輕描淡寫的說：

「多謝兄台提醒，也多虧兄台的提醒，我一直找出了城外，然後就不知所蹤了，想來一定是一個妖怪。你放心吧，我已下定決心再也不跟她來往了。」

「才剛剛下定決心，你的精神和體力就恢復了，這實在是太神奇啦！可見只要把心放正，妖氣自然就退了。」夏良策看好友既然已經氣色轉好，很是高興，便也沒有再深究下去。

當天晚上，蔣生就在暗中展開計畫中的第二步，那就是把第二束草撒在馬家門口。

「馬小姐，對不起了，請你忍耐一下……」蔣生在心裡不斷的喃喃著。

過不了幾天，蔣生就聽見客棧裡有不少人都在談論著馬小姐突然得了一種怪病。

「是什麼樣的怪病？」蔣生不動聲色的問道。

「據說是渾身都長滿了一種癩瘡，好可怕啊！唉，原本是一位多麼如花似玉的大小姐啊……」

蔣生聽了，真是心疼不已，當下就想帶著解藥衝到馬家去。不過，他當然還記得「馬小姐」曾經一再交代過他，要他等到一個最恰當的時機再去。

「什麼才是最恰當的時機呢？」蔣生默默的琢磨著；儘管他一時說不出個所以然，但是至少直覺告訴他，現在還不是。

接下來又過了幾天，得了怪病的馬小姐和她的家人固然很痛苦，近在咫尺的蔣生，得知愛人受苦，內心也飽受折磨。

就這樣，蔣生密切留意著馬家的動態。

聽說，馬家已經陸陸續續請過好多名醫來為馬小姐治病，但是這些名醫們全都束手無策……

聽說，馬小姐的癩瘡日益嚴重，味道也愈來愈重，馬小姐已陷入求生不能、求死不得的境地……

聽說，為了給愛女治病，馬家的賞銀數額愈來愈高，然而就是找不到有用的藥方……

終於，有一天，聽說馬家貼出告示，說只要有人能夠治癒馬小姐，就是馬小姐的恩人，不管恩人出身背景如何、多大年紀，馬家都願意招為女婿，並且為馬小姐準備豐厚的嫁妝。

一聽到這個消息，蔣生立刻感覺到那個「最恰當的時機」終於來了！

他一刻也不敢耽擱，立刻用最快的速度衝到馬家，一下就把那張告示給撕了下來！

馬家的僕人立刻帶他去見主人馬少卿。

馬少卿看前來撕下告示的是一個年輕人，而且長相俊秀，首先心裡就鬆了一口氣！然後急急問道：「聽說先生有妙方可以治小女的怪病？請問先生是大夫嗎？」

蔣生說：「我不是大夫，只是一個普通的生意人。」

「哦？那你怎麼會如此有把握一定能夠治好小女的病？你要知道，我們可是已經延請過很多名醫了啊。」

馬少卿有些懷疑的看著蔣生，心想這該不會是一個騙子吧！

蔣生說：「小生在偶然的機緣下，曾經遇到過一位異人，送給小生一束仙草，說是專治癩瘡。」

「是嗎？那太好了！」

馬少卿再仔細端詳一下蔣生，暗暗盤算著，此人不是讀書人，這一點著實很遺憾，如果把女兒嫁給他，門不當戶不對，實在是太委屈女兒了，但是話說回來，女兒如今得到這樣的怪病，不要說很難找到理想的婆家了，最要命的是女兒自己的求生意志也愈來愈弱，已經一連好幾天都幾乎不肯吃東西，再這樣下去，香消玉殞也是遲早的事，如果能夠就此恢復，已是一大奇蹟，那還挑什麼呢？何況眼前這個年輕的生意人不僅人長得不俗，談吐也還算落落大方，不算俗氣，如果真做了自己的女婿，好像也還不錯……

蔣生並不急著把解藥拿出來。馬少卿在盤算，蔣生也在盤算啊；蔣生有些擔心，馬家在告示上所說「誰能夠治好馬小姐，就把馬小姐嫁給誰」的承諾真的能夠兌現嗎？要是他治好了馬小姐，馬家卻翻臉不認人，那可怎麼辦？那到時候他要找誰說理去？

想到這裡，蔣生就覺得在把解藥拿出來之前一定要把話先說清楚，於是就壯著膽子勇敢的說：「小生不要金銀財寶，只一心想要娶小姐為妻，然而小生不是儒生，原籍又是浙江，離這裡很遠，只怕高攀不上小姐，要是小生把小姐的病治好了，先生您又反悔，那小生的心願不是就落空了嗎？」

馬少卿看蔣生說得不卑不亢，又句句在理，很欣賞他的坦誠。

「江浙是好地方，況且職業無貴賤，經商也是好職業，而且下官看足下不像是俗流——」馬少卿說，言

下之意無非就是想要表明並沒有嫌棄蔣生的意思。

怕蔣生仍然不放心，馬少卿又強調：「再說我們本來就是有言在先，請先生放心吧，下官好歹也是一個有身分地位的人，不可能做那種背棄誓約的事。」

這麼一來，蔣生的疑慮就完全被打消了，馬上很爽快的把解藥拿了出來，並且仔細說明了使用方法。

果然，馬小姐僅僅只洗了一次，癩瘡就完全好了，又回復到以前嬌美的模樣。

「真是仙藥！真的是藥到病除啊！」馬家人都高興極了。

馬少卿也果真信守承諾，馬上著手籌備女兒的婚禮。

一開始，馬小姐知道即將嫁給救命恩人，還有那麼一點嘀咕，不知道這救命恩人會是什麼模樣，等到發現原來就是之前來過家裡，還與自己眉目傳情過的那個年輕客商，真是分外驚喜！

蔣生終於得到了如花美眷。婚後夫妻倆也相處得相當和諧。

有一天，馬小姐對夫婿說：「命運真是奇妙啊，你看，你我原本天各一方，你偏偏來到這裡做生意，又偏偏趕上我生了那場惡病，而且你又偏偏還有仙方奇藥能夠把我給治好，可見給你那份仙藥的仙人真是我們的大媒人，我們可要記得人家的大恩，不能把人家給忘了呀！」

蔣生聽了，一時也頗有些感觸，就說：「確實，是不該把人家給忘了——」

「你說說，到底是哪裡的仙人？」

蔣生不好意思說是狐狸精，便說：「自從見到你以後，我就日思夜想，弄

得寢食難安，結果感動了一位天上的仙女，她就扮成你的模樣來安慰我，後來知道你有難，又給我那包仙藥，要我來救你，她還說我們注定有緣……」

對於丈夫所敘述的這個奇異的故事，馬小姐深信不疑，想了一想，若有所思道：「怪不得呢，怪不得在我們新婚之初，你待我的態度就好像我們已經在一起生活了許多年似的，原來是因為之前有一位好心的仙女假扮是我來跟夫君相處啊。」

總之，夫妻倆都非常珍惜這份難得的奇緣，兩人一直十分恩愛。

此外，蔣生那群一起做生意的伙伴在聽說蔣生救了馬小姐，並且入贅到馬家以後，都感到非常吃驚。大家紛紛開玩笑的說：「以前我們總是叫他『蔣駙馬』，沒想到他居然真的還滿有那麼一點富貴氣啊。」

只有夏良策，曾經私下盤問過蔣生，蔣生基於對好友的感謝，便把識破狐狸精以及狐狸精給他仙草讓他來救馬小

姐的事說了，唯獨隱瞞了用草藥害馬小姐生癩瘡的情節；這一段蔣生覺得實在是說不出口。

這個故事出自《二刻拍案驚奇》，講一隻母狐狸如何主動追求愛情，並且在被識破之後還很有風度的幫著男主角得到如花美眷的經過，狐狸的心計在這個故事裡表現得很透澈。

身邊的妖怪（上）

從蛟龍、應龍，到蛇呀、龜呀，或是猿精、虎妖和狐妖，我們所介紹的都是想像中的動物以及生活在山林裡的妖怪，和一般老百姓的距離比較遠（古代可沒有動物園啊），那麼，在老百姓日常生活中經常看得到的生物，有沒有妖怪呢？答案是，在「萬物有靈，物老成精」的概念之下，還是會有的，綜觀自古以來各式各樣的妖怪故事，我們幾乎可以肯定一個基本觀念，那就是——只要有人的地方，就會有妖怪！

現在我們不妨先來說說家禽家畜類的妖怪。譬如被現代人視為寵物的狗狗呀、貓咪呀，或是馬呀、雞呀、豬呀，以及所到之處向來都很令人生厭的老鼠

（放眼古今中外有關老鼠的故事，能夠令人產生愉悅之感的老鼠大概只有「米老鼠」了。）

或許是因為這些家禽和家畜在外形上一般來說不至於會立刻引起大家的恐懼，看看這一類的妖怪故事，首先會有一種感覺，就是這一類的妖怪好像都很不厲害。

甚至可以這麼說，他們一般都還不大會作祟，只會因為出現一些極其反常的現象而被視為是一種「妖兆」。

譬如：

漢昭帝元鳳元年九月，在燕國的王宮出現了一幅不尋常的景象——

有一隻黃顏色的老鼠咬著自己的尾巴一直跳個不停，舞個不停。大家都覺得很奇怪，還有人跑去向燕王報告。

燕王聽了，好奇之下也過來看，看到那隻老鼠果然還是不斷的跳著舞著。

（這支舞應該就叫做〈團團轉〉吧。）

更奇怪的是，當燕王命人趕快拿些酒菜過來放在這隻老鼠的面前，想讓牠停下來，這隻老鼠對於這些香噴噴的酒菜竟然視而不見，還是一直忙著跳呀舞呀不肯停止，過了一天一夜以後，就死了。

（一定是累死的。）

當時，燕王劉旦正想謀反，後來大家就說這隻老鼠的出現其實就是謀反必敗、劉旦必死的一個徵兆。

同樣是在漢昭帝的時候，昌邑王劉賀看到過一隻奇怪的大白狗。這隻狗狗沒有尾巴，卻戴著一頂方山冠。

（所謂「方山冠」，是漢代宗廟祭祀時樂人戴的帽子。）

後來到了漢靈帝熹平年間，宮內也不知道怎麼搞的突然很時興給狗狗戴上帽子，還替狗狗繫上印綬帶，以此來取樂。

有一天，有一隻被做成這樣打扮的狗狗突然跑出了朝門，跑進了司空府門。

這意味著什麼呢？當時有一種說法是，「君上不正，臣下想竄位，這種事的妖兆就是狗戴著帽子跑出了朝門」，於是這隻狗狗就成了一種妖兆。

在漢宣帝黃龍元年，宮裡發生了一件怪事——

有一隻母雞的羽毛很不對勁，竟然慢慢變成了一隻公雞，但是，變成公雞以後，這隻母雞早上並不會叫，也不會率領雞群。

無獨有偶，在漢元帝初元元年，在丞相府裡頭有一隻母雞，竟然在孵蛋的時候慢慢長出了雞冠，變成了公雞，而且這隻「公雞」似乎也知道自己現在是公雞，於是，不再孵蛋，早上開始雞鳴，同時也會率領雞群在院子裡神氣的走來走去。

當時，大家都說，「母雞打鳴，象徵著主人家不興旺」，甚至在《五行志》這本書上說，這是當時外戚王氏即將掌權的預兆。

一直到現在，「牝雞司晨」這種說法仍然是飽含了對於女性主政的一種批判。（牝，雌性動物。）

如果不僅僅是妖兆，而真的要作祟的話，這些家禽家畜類妖怪的道行通常都不怎麼樣。《太平廣記》中有一個故事可以視為代表。

在很多妖怪故事以及鬼故事中，那些妖怪和鬼怪之所以會吃癟，往往都是因為正巧碰上了一個膽子超大的人，在這個故事中也有一個這樣的傢伙，他的名字叫做王薰。

故事背景是發生在唐朝天寶年間。

有一天，王薰和朋友們聚會，大夥兒正在熱鬧的時候，燭光下忽然出現一隻巨大的胳臂，影子映在牆上看起來非常恐怖。

大家都嚇壞了，擠在一起發抖，動都不敢動一下。

一開始，王薰也害怕，但是膽子大的人自然不會一直怕下去，他很快就鎮定下來，冷靜的觀察那條奇怪的龐大胳臂，注意到胳臂是黑色的，上面還長著很多毛。

這時，大家都聽到影子外面有人說話了。

「諸位歡聚一堂，就不能叫我一起來嗎？」

（是不是覺得有一點耳熟？想當初在〈睡美人〉的故事中，巫婆在開始作亂之前也是發出了同樣的不滿啊。）

不過，接下來，聲音的主人並沒有要搗蛋的意思，只是把那黑呼呼又長著很多毛的胳臂一翻轉，然後要求眾人在掌心裡放上一點肉。

大家立刻照辦。

過了一會兒，那條胳臂又伸進來，繼續討要吃的。

大家還是給了。

不過，王薰大概是眼看這個不速之客好像除了要吃的也不會要幹麼，膽子大起來，就跟朋友們說：「這一定是妖怪，等一下如果他再來，我就要把他的胳臂給砍下來！」

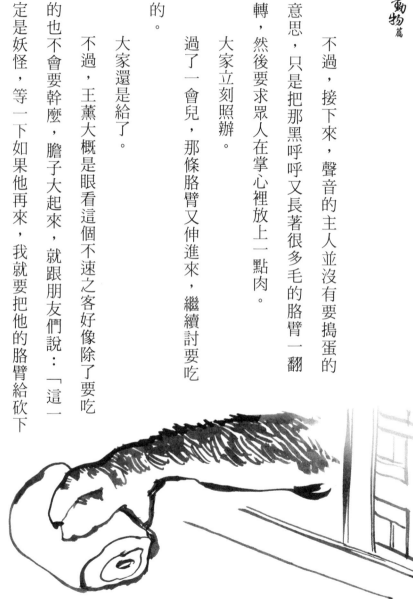

不久，那條胳臂果然又伸進來，還是說東西已經吃完了，要大家再給一點。這個時候，王薰毫不猶疑，馬上舉刀一砍！

就在那條巨大的胳臂掉在地上的時候，妖怪也隨著慘叫聲而迅速遠去。大家舉起燭火細看，發現地上竟然是一條驢腿！

第二天他們就循著血跡，找到村中一戶人家。一打聽，這戶人家說，他們家裡有一頭驢，養了二十年了，昨天夜裡也不知道是怎麼回事，居然被人砍掉了一條腿，他們全家正為了此事而感到很害怕。

王薰就把昨天夜裡的事說了一遍。最後，這戶人家就立刻把那頭已經半死不活的老驢給宰了吃了。

這個故事叫做〈驢怪〉。這頭驢怪，其實也沒幹麼，只不過是因為貪吃（或者也許是因為根本吃不飽）結果就丟了性命，想來也是夠窩囊的。

不知道是不是因為這一類的妖怪都不夠厲害，所以在有的故事中，它們是採取「協同作戰」。

在《搜神記》中有一個故事，叫做〈安陽亭三怪〉就是這樣的例子。

話說在安陽城南有一座亭子，據說一到了晚上就會有妖怪出沒，所以不能在那裡住宿，否則就會死於非命。

這天，來了一個不信邪的書生，堅持要在這裡留宿，別人告訴他千萬不可，他不以為意的說：「放心吧，我懂一點術數，那些妖怪奈何不了我的。」

到了晚上，書生端坐在亭子裡讀書，過了很久以後才休息。就在夜半時分，他剛剛睡下沒多久，忽然聽到有人在外頭呼喚「亭主」。

書生悄悄爬起來，往外一看，看到一個穿著黑色單衣的男子，正站在庭院裡，朝著不遠處發問：「亭主，看見亭中有人嗎？」

書生看不見其他人，但是聽到黑暗中有人應道：「先前有一個書生在這裡讀書，剛剛休息，好像還沒睡著。」

書生心想，這不是指我嗎？於是屏著呼吸繼續往下聽。

只見那個穿黑色單衣的人聽了以後，嘆了一口氣就離開了。

過了不久，又來了一個戴著紅色頭巾的人，同樣是先呼喚亭主，然後問亭子中有沒有人。在

得到相同的回答以後，也是嘆息著走了。

書生耐心的等了很久，四周都是靜悄悄的，心想大概不會再有什麼人來了，便起身走到之前兩個男子呼喚亭主的地方，模仿先前那兩個男子說話的腔調，也呼喚起亭主來，亭主也回答他了。

書生先問了同樣的問題，以此來表示自己和之前那兩位是同路人，接著就大著膽子問道：「剛才那個穿黑衣的是誰？」

奇怪的是，這個亭主一點也沒有起疑，居然老實回答道：「是北屋的母豬啊。」

書生又問：「戴紅色頭巾的是誰？」

「是西屋的老公雞啊。」

接下來，書生居然繼續追問：「那麼，你又是誰？」

亭主仍然大大方方的回答：「我是老蠍子啊。」

（看來，這個老蠍子恐怕還真是老糊塗了。）

第二天，書生就叫來眾人，大家紛紛帶著武器，先是在昨夜和「亭主」應答的地方找到了一隻老蠍子，居然有琵琶那麼大，然後又在西屋找到了一隻老公雞，在北屋找到了一頭老母豬。

等到大家把這三個實在很不中用的妖怪殺了以後，安陽亭就再也沒有什麼災禍發生了。

至於馬的妖怪，最有名、也最有代表性的當然就是那個叫做〈馬皮蠶女〉

的故事了。

傳說在很久以前，有一個男士出征遠方，把唯一的女兒單獨留在家中。

女孩獨自在家，非常寂寞，陪伴她的只有一匹公馬。女孩悉心照料著這匹公馬，和這匹馬同吃同睡，還經常會跟馬兒談心，慰藉自己的寂寞。

有一天，女孩因為過於思念父親，就以玩笑般的口氣對馬兒說：「啊，你要是能夠幫我把爹爹接回來，我就嫁給

你！」

誰知當天晚上，馬兒就掙脫了韁繩跑掉了。

第二天早上，女孩醒來，發現馬兒不見了，還以為是被人給偷了，心裡又氣又怕。

「奇怪，這裡這麼偏僻，誰會到這裡來偷我的馬？而且昨天夜裡我怎麼會睡得那麼死，居然什麼聲音也沒有聽到？」

更令她感到不可思議的是，過了一陣子，父親竟然騎著這匹馬回來了！

女孩真是高興極了，父親剛剛下馬，她就又叫又嚷的跑了過去，一頭鑽進父親的懷抱，嘴裡還不住的撒嬌道：「爹爹，你可回來了！你不要再走了，女兒想死你啦！」

父親仔細看看女兒，關切的問道：「孩子，你沒事吧？」

「什麼意思？我沒事啊，只不過很高興而已！——對了，爹爹，你怎麼會突然回來呢？」

「這個——說來也真奇怪啊——」

父親拍拍馬兒，告訴女兒，不久前當他忽然看到家裡的馬竟然能夠大老遠的跑來，找到了他，他真是大吃一驚，一開始是異常驚喜，但是因為馬兒總是望著牠來時的方向，還會咬著主人的衣服好像想要把主人往自家的方向拖，這個做父親的就愈來愈感到不安，嘀咕著該不會是女兒在家裡出了什麼事，然後這匹頗通人性的馬兒特地跑來想要通知自己趕快回家吧！

這麼一想，做父親的就心急如焚，於是立刻告假專程回家來看看。

「可是——你明明好端端的，這匹馬為什麼非要讓我立刻趕回家啊？真奇怪。」做父親的真是困惑得不得了。

這時，女孩一下子彷彿想到了什麼，但是臉紅紅的說不出口，看馬兒那副熱情的樣子，好像老是想要往自己身上蹭，她趕緊跳開，拉著父親的手說：「大概是牠知道我很想念您吧！爸爸您就別走了吧！」

「胡說，爹爹保家衛國，怎麼能不走——」

女孩聽了，十分失望。

做父親的大概也是不忍心讓女兒過分難過，於是又說：「不過，既然回來了，就在家裡歇兩天再走吧。」

在接下來的這兩天，做父親的很快

就發覺那匹馬實在是很不對勁兒。照說牠來回跑了那麼多的路，一定餓壞了，可是不管拿多少新鮮的青草犒賞牠，牠都聞也不聞，吃也不吃，就那麼把頭別開，好像在跟誰生悶氣似的。這還不算，最教這個做父親的感覺怪異的是，這匹馬對自己的女兒顯然太過熱情，只要一看到女兒，馬上就一直嘶嘶狂叫，四足亂蹬，還拚命的想要掙脫韁繩。

「這到底是怎麼回事啊？」父親愈看愈覺得奇怪，就把女兒叫過來，嚴肅的問道：「我不在家的時候，到底發生了什麼？」

女孩只得吞吞吐吐的把自己那番戲言說了出來。

父親聽了，非常吃驚，也非常震怒，沉著臉斥責女兒道：「你怎麼可以開這種玩笑！」

女孩十分羞慚的低下頭去。

父親思索片刻，做出了一個決定。

他先吩咐女兒：「這個事情千萬不能說出去，實在是太丟人了！」

緊接著，這個男人狠下心立刻殺了這匹馬，同時還把馬皮給剝了下來。

他把剝下來的馬皮就晒在晾衣架上，打算等到完全風乾以後再拿去做成一些東西。

這天，當女孩和同伴經過這附近，女孩看到馬皮，想到自己受到父親嚴厲的責罵，很不高興，就上前一邊踢著馬皮，一邊還嘲笑道：「哼，你這個畜生，居然還敢這樣痴心妄想，不但連累我挨罵，你自己不是也因此丟了性命？真是活該！——」

不料，她還沒罵夠也還沒踢夠呢，四周忽然颳起一陣怪風，晒在晾衣架上的馬皮隨即飛了起來，並且火速就把女孩給捲了起來，居然就那樣飛走了。

「媽呀！妖怪啊！」鄰家女孩目睹了這可怕的一幕，被嚇得大聲尖叫，拔腿就跑！

後來，那個做父親的到處找自己的女兒，但是找了很久，同時也找了很多地方，然而怎麼也找不到。

直到過了好幾天以後，才有鄰人跑來告訴他，說他的女兒好像找到了，現在還被馬皮牢牢的裹著，正掛在樹上呢。

原來，女孩和馬皮竟融為一體，變成了一顆偌大的蠶繭。

這個故事發生的時間很早，據說是從太古的時候就開始流傳下來了，由於後來馬皮緊緊包裹住了不守信用又無情無義的女孩，然後慢慢縮小變成了蠶，所以這個故事後來也一直被視為是「蠶」的起源。

身邊的妖怪（下）

這一篇我們要繼續介紹一些動物類的妖怪。這也是「中國妖怪故事」系列中，最後一篇介紹動物類的妖怪了。看看這些故事，真不免讓人驚嘆，古人把「萬物有靈」這個概念發揮得多麼淋漓盡致啊，不管是什麼樣的動物，哪怕是卑微到足以用「微不足道」來形容的螞蟻，居然也可能是妖怪。

我們就先講一個出自《太平廣記》的螞蟻妖怪，這個故事叫做〈蟻王報恩〉（或者〈靈蟻報恩〉、〈黑衣人〉）。

從前，在吳國富陽縣有一個人，名叫董昭之。

有一天，董昭之乘船要渡過錢塘江，行到江心的時候，董昭之無意中看到一隻黑色的螞蟻趴在一片很短的蘆葦葉子上，不時在葉子的兩頭之間走來走去，好像非常驚慌害怕的樣子。董昭之心想，這小小的螞蟻一定是很怕會被淹死吧，立刻動了惻隱之心，就小心把那片蘆葦葉給撈了上來。

當天夜裡，董昭之夢見一個身穿黑衣的人，向自己打躬作揖，不斷道謝，說：「我是蟻王，非常感激您今天助我渡江，今後您要是有什麼危難，不妨告訴我。」

夢醒之後，董昭之也沒有太在意。直到一晃十幾年過去了，地方上頻頻發生盜賊搶劫之事，董昭之居然被誤當成是盜賊首領而被抓了起來，關押在餘杭（今天浙江省杭州市下轄的一個區）。

有一天晚上，他忽然想起多年前所做的那個夢，心想也許夢中的那個黑衣人真的能夠救他，問題是，他記得當時黑衣人在夢中只說如果自己有問題不妨告訴他，卻沒有明白交代要怎麼告訴他啊？

當董昭之正在念念叨叨「怎麼辦？怎麼辦？」的時候，和他關押在一起的人紛紛詢問有什麼事，在得知原委之後，有一個人就說：「想要通知蟻王還不簡單，只要抓兩、三隻螞蟻放在掌心裡，說給牠們聽，再請牠們轉告就是了。」

董昭之半信半疑的照辦。夜裡，果然又夢到多年以前夢到過的那個黑衣人。

黑衣人告訴他，天下已經大亂，赦令不久就會到來，要他盡快先逃到餘杭山裡頭去。

（你會不會覺得這個蟻王很糊塗啊？董昭之明明是被關押在監獄裡，怎麼還教他盡快逃到山裡去呢？別急別急，還有下文——）

第二天一早，當董昭之一睜開眼睛就發現，原本戴在手上的枷鎖竟然已經被螞蟻給咬壞了！

（這個蟻王真不知道是出動了多少隻螞蟻啊！）

董昭之因此得以逃出監獄，再渡江逃進了餘杭山。不久，果然遇到了大赦。

《搜神記》中也有一則黃雀報恩的故事。

故事是說，漢代在弘農郡有一位名叫楊寶的人，據說他們家族相當興旺，子孫尤其官運亨通，全都是因為楊寶在小時候做過一件善事。

在楊寶年僅九歲的時候，有一天，隨著家人到華陰山玩，途中看到一隻小小的黃雀在遭到猛禽的攻擊以後，受了傷，掉在地上，旋即還受到螻蟻的圍困。

楊寶看見了黃雀的慘狀，頓時起了惻隱之心，便上前把牠小心的捧起來，放在一個小箱子裡帶回家，悉心照顧。

這樣過了三個多月，黃雀的傷總算都養好了，羽毛也終於都長全了，但是牠似乎頗通人性，不忍離去，總是白天飛出去轉一轉，到了傍晚再飛回來，儼然成了楊寶的小寵物。

一天夜裡，當好學不倦的楊寶還正在念書的時候，突然有一個穿黃衣的童子走了進來，一進來就向楊寶拜了兩拜，然後說：「我是西王母的使者，出使蓬萊，不小心受到猛禽的攻擊，幸虧碰到擁有仁愛之心的您，好心搭救，這才倖免於難。感謝

您這段時間以來的照顧，現在我得走了，在我走之前，特地前來告訴您，為了感謝您的大德，您的子孫品德高潔，官至三公，就像這玉環一樣。」

說著，就從懷中掏出了四枚白環送給楊寶，然後飄然遠去。

在《太平廣記》中，還有一個關於兔子妖怪的故事，叫做〈頓邱人〉。這個兔子妖怪不吃人，但是滿調皮的，喜歡嚇人。

故事是說，在頓邱這個地方，有一個人叫做黃初中，沒事就喜歡騎著馬出遊。

（大概是跟現代人開車兜風的樂趣近似吧。）

這天，黃初中騎馬遊蕩了一天，直到天色已暗才踏上歸途。

在回家的路上，無意間走上一條僻靜的大道，矇矓之間看到前方有一個東西站在路的中央，看起來感覺像是一隻兔子，但是眼睛卻大得出奇，活像兩面鏡子，不時還會閃閃發亮。

就在黃初中猶豫著要不要繼續往前走的時候，那個怪東西開始抓狂了，不但在路上非常誇張的蹦來蹦去，還不斷發出恐怖的聲音，並且做出各種恐怖的樣子，把黃初中嚇得魂飛魄散，馬兒也嚴重受驚，怎麼都不肯再往前多走一步，隨後竟然還把黃初中從馬背上給甩了下來。

黃初中立刻就昏了過去。稍後等到他清醒過來，四周已經一片平靜，只不過天色又更暗了些。黃初中趕快爬起來，匆匆跳上馬，繼續趕路。

走了沒一會兒，路旁過來一個男子，看到黃初中一副衣冠不整、驚慌失措的狼狽相，好心的問他怎麼回事，黃初中就把之前所碰到的那件怪事仔細描述了一遍，並且立刻邀此人同行，說這樣可以給彼此壯個膽。

對方同意了，表示也很高興有人可以作伴同行，只是因為他沒有馬，所以建議黃初中不妨騎馬在前面走，走得稍微慢一點，而自己就在後頭跟著就行了。

兩人就這樣一前一後趕了一段路。

男子用好奇的語氣問道：「你剛才說在路上碰到了怪物，那個怪物到底是什麼樣子啊，居然能夠把你嚇成那樣？」

黃初中說：「哎呀別提了，那個怪物長得像一隻兔子，可是一雙眼睛又圓又大，看起來嚇死人了！」

這時，男子忽然說：「你回過頭來看看，是不是像我這雙眼睛？」

黃初中一聽，大吃一驚，猛一回頭——天啊！哪裡還有什麼男子，跟在他後面的不就是那個怪物嗎？

說時遲、那時快，怪物已經一蹦就蹦到了馬背上，黃初中嚇得栽到了地上，立刻就昏死了過去。

怪物就這樣騎著馬揚長而去。

後來，黃初中的家人看見那匹馬單獨回來了，一家人趕緊打著燈籠、舉著火把沿路去尋找，終於在路邊山溝裡找到了黃初中，然後在他身上幾個穴位掐了半天，黃初中這才慢慢醒了過來。

或許是因為「賞鳥」是很多古人的一種休閒方式，鳥也是古人身邊常見的一種動物，所以關於鳥的妖怪故事也不少。我們就講一個出自《續子不語》

裡頭的一個故事，題目就叫做〈鳥怪〉。

有一個少婦李氏，一天早晨正在對鏡梳妝的時候，忽然看見一隻渾身五彩羽毛的怪鳥從窗外飛了進來，落在鏡架上左顧右盼，還向李氏頻頻抬起腳爪示意，不一會兒又急急忙忙飛了出去。

就這樣，李氏就中邪了，整個人變得非常痴狂，意識不清，連家人都不認得了，嘴裡還會一直發出「啾啾」的鳥叫聲，甚至還會飛到梁柱或是屋瓦上行走，家人看到這

樣的情景，自然是心急如焚，可是又不知道該怎麼辦。

過了幾日，家人聽說在蘇州的穹隆山中有一個道人，法術高強，立刻派人去請。

不久，道士來了，在仔細觀察了李氏以及她所用的梳妝鏡以後，告訴大家，這是鳥怪，要他們趕快去找來三尺白布裹住銅鏡，然後用大火焚燒。

這家人馬上照辦，在用火焚燒鏡子的同時，道士也念念有詞，忙著施咒。過了一會兒，那面銅鏡被燒得通紅，可是裹住鏡子的白布居然完好無損。

接著，道士用手一指地上的瓦罐，大聲說：「鳥怪已經被我給拿住了，趕快加上封條，立刻丟到江裡去！」

道士走後，李氏彷彿大夢初醒，對於自己之前的癲狂舉止竟然毫無印象。

故事到這裡本來應該就結束了，哪知道那個負責要把瓦罐投江的僕人，走到半路，一直在想：「被封在這個破罐子裡的妖怪到底是長得什麼樣子啊？」他把罐子舉起來左搖搖、右晃晃，無聲無息，這麼一來他就更好奇了，終於忍不住私自揭開一點點封條，想要透過一條細縫往裡頭偷看。結果，封條才剛剛一鬆動，一股黑煙立刻就冒了出來！與此同時，李氏又不對勁了，不僅精神恍惚，叫也叫不應，手腳還會像先前那樣又全部縮在了一起，就像鳥爪一樣。

家人只得趕緊再去把道士給追回來，請求道士再度作法相救。

（那個按捺不住好奇心的僕人，一定被罵死啦。）

有些鳥怪，其實一點也不可怕，反而還散布著濃濃的仙氣。在這裡我們就來欣賞一個典型的故事。

從前，在豫章郡新喻縣有一個男子，有一天，無意中看到六、七個女孩在田裡玩，身上都穿著非常漂亮的羽毛的衣服。

當時，他並不知道這些女孩都是鳥怪，在她們把身上那些漂亮的羽毛衣服脫下來的時候，他又好奇又有些惡作劇的悄悄爬過去，拿到一件羽毛衣服，然後就藏了起來。

不久，女孩們發現附近有一個男子，大驚失色，竟然就用很快的速度套上羽毛衣服，然後就紛紛飛走了。

只有一個女孩，因為找不到自己的羽毛衣服，所以她飛不了。

後來，這個鳥怪就與男子結為夫婦，並且陸續生下了三個女兒。

男子自從一知道自己是碰到了鳥怪，就一直把那件羽毛衣服小心藏好，不肯、也不敢讓妻子發現。

他可是看到過妻子的同伴是如何一穿上羽毛衣服就立刻展翅飛走，男子心想，只要妻子找不到這件羽毛衣，她就哪裡也去不了，只得留在這裡安心和他過日子。

這樣過了好幾年，妻子始終沒有放棄要尋找自己的羽毛衣。她問過丈夫無數次，丈夫說什麼也不肯告訴她。後來，她又讓三個女兒不斷的幫她去問，或是在暗中觀察和尋找。

經過持續不斷的努力，有一天，妻子終於得知自己的羽毛衣原來是被丈夫藏在稻穀堆下。

她馬上就去找。

等找到以後，果然正如丈夫所料，她把久違的羽毛衣往身上一套，然後再一振翅，就那麼飛走了。

不過，後來過了一段時間，她又飛了回來接三個女兒，然後女兒也跟著一起飛走了。

這個故事出自《搜神記》。故事裡頭並沒有說鳥怪婚後的生活幸不幸福，如果幸福，為什麼當她一找到自己的羽毛衣以後，就會這樣義無反顧的立刻飛走？故事中也沒有說，後來當她回來「接」三個女兒的時候，有沒有帶著三件羽毛衣？或是說三個女兒本身也就有著鳥怪的DNA，只需要媽媽用一個什麼儀式或是什麼咒語來啟動一下？

不過，我們可以把這個故事跟虎妖中〈虎皮〉那個故事對比一下；在〈虎皮〉中，妻子一旦重新套上虎皮，似乎立刻就變回了妖，之前身為人的生活記憶完全不復存在，因此，在老虎食人的本能驅使之下，竟然把丈夫和兒子統統都給吃了，而在鳥怪這個故事中，鳥怪在重新套上羽毛衣之後，固然也立刻變回了一隻鳥，可是這隻鳥卻似乎沒有完全忘記身為人的歲月，至少她對三個女兒還是頗有慈愛之心，要不然她就不會再回來把女兒接走了。一件虎皮，一件羽毛衣，何以在從「人」變回「妖」以後，會有這麼大的不同？這難道不是因為老虎本來就是猛獸，小鳥卻給人比較溫訓的感覺嗎？

上一篇鳥怪的故事中，鳥怪的感覺不大像妖怪，反而挺像仙女的。特別是男子藏起鳥怪羽毛衣的那段情節，跟〈牛郎織女〉中牛郎在銀河邊藏起織女衣服的段落頗為類似。只不過後來織女與牛郎在婚後頗為恩愛，以至於織女跟本

不願意再返回天庭，但是在鳥怪這個故事中，鳥怪的婚後生活如何卻沒有提及。

說起來在〈牛郎織女〉、〈天仙配〉（也有人稱之為〈董永與七仙女〉）這些民間傳說中，無論是織女或是七仙女，都是從天上下凡來到人間來幫助牛郎和董永，這不禁讓人有些懷疑這一類故事最初原創的靈感，是不是來自於一些男人的白日夢，因為勞動確實是太辛苦了啊，要是有一個本領高強的人（譬如仙女）來做自己的幫手，那該有多好呀！更何況這些仙女一個個都還長得那麼漂亮。好像還沒聽說過有仙女是長得抱歉的。

在妖怪故事中也有類似的故事。出自《奇聞怪見祿》的〈田螺精〉，就是一個典型。

這個田螺精遇到男主角譚在垌的時候，在垌只有七歲。

一天，在垌的父親提了一籃田螺回來，正要去煮，小在垌看見其中有一個特別大的田螺，非常喜歡，就把它撿出來放在一個水缸裡養著，這一養就養了十幾年。

十幾年之後，在垌的父親早已過世，在垌孤身一人，窮光蛋一個，根本結

不起婚，就一個人過日子。

一天黃昏，當他從田裡回來，非常驚訝的發現桌上居然有熱騰騰的飯菜。一連好幾天都是如此。

經過守候，在坰終於發現原來一到傍晚就會有一個美麗的少女從水缸裡出來，幫他做好飯菜之後又回到水缸裡去。

在坰懷疑少女是水缸裡的田螺變的，就把田螺殼藏起來，不讓少女（應該說是田螺精）回去。於是，田螺精就跟在坰在一起生活了好幾年，還生了一個兒子。

在兒子三歲那年，她意外發現丈夫竟然跟兒子一起在敲自己的螺殼玩，很不高興，馬上鑽回到殼裡，瞬間就消失得無影無蹤。

從故事情節看來，田螺精原本是真心實意要來幫助男主人翁的，不料最後竟然看到丈夫帶著孩子在敲她的螺殼玩（實在是太不尊重啦），因此一氣之下就此消失不見。她的丈夫後來想必一定很後悔吧。

國家圖書館出版品預行編目資料

中國妖怪故事：動物篇／管家琪文；LOIZA圖 .
--初版 . --臺北市：幼獅, 2015.04
面；　公分. --（故事館；034）

ISBN 978-957-574-992-7（平裝）

1.妖怪 2.通俗作品 3.中國

298.6　　　　　　　　104002140

・故事館034・

中國妖怪故事：動物篇

作　　者＝管家琪
繪　　者＝LOIZA
出 版 者＝幼獅文化事業股份有限公司
發 行 人＝李鍾桂
總 經 理＝王華金
總 編 輯＝劉淑華
副總編輯＝林碧琪
主　　編＝林泊瑜
編　　輯＝周雅娣
美術編輯＝李祥銘
總 公 司＝(10045)臺北市重慶南路1段66-1號3樓
電　　話＝(02)2311-2832
傳　　真＝(02)2311-5368
郵政劃撥＝00033368

門市
・松江展示中心：(10422)臺北市松江路219號
電話：(02)2502-5858轉734　傳真：(02)2503-6601
・苗栗育達店：36143苗栗縣造橋鄉談文村學府路168號（育達科技大學內）
電話：(037)652-191　傳真：(037)652-251

印　　刷＝崇寶彩藝印刷股份有限公司
定　　價＝250元
港　　幣＝83元
初　　版＝2015.04
書　　號＝987230

幼獅樂讀網
http://www.youth.com.tw
e-mail:customer@youth.com.tw

行政院新聞局核准登記證局版臺業字第0143號

幼獅文化公司／讀者服務卡／

感謝您購買幼獅公司出版的好書！
為提升服務品質與出版更優質的圖書，敬請撥冗填寫後（免貼郵票）擲寄本公司，或傳真（傳真電話02-23115368），我們將參考您的意見、分享您的觀點，出版更多的好書。並不定期提供您相關書訊、活動、特惠專案等。謝謝！

基本資料

姓名：……………………先生／小姐

婚姻狀況：□已婚 □未婚　職業：□學生 □公教 □上班族 □家管 □其他

出生：民國……………年……………月……………日

電話：（公）……………（宅）……………（手機）……………

e-mail：……………………

聯絡地址：……………………

1.您所購買的書名：**中國妖怪故事：動物篇**

2.您通常以何種方式購書?：□1.書店買書 □2.網路購書 □3.傳真訂購 □4.郵局劃撥
（可複選）□5.幼獅門市 □6.團體訂購 □7.其他

3.您是否曾買過幼獅其他出版品：□是，□1.圖書 □2.幼獅文藝 □3.幼獅少年
□否

4.您從何處得知本書訊息：□1.師長介紹 □2.朋友介紹 □3.幼獅少年雜誌
（可複選）□4.幼獅文藝雜誌 □5.報章雜誌書評介紹……………報
□6.DM傳單、海報 □7.書店 □8.廣播(　　　　)
□9.電子報、edm □10.其他……………

5.您喜歡本書的原因：□1.作者 □2.書名 □3.內容 □4.封面設計 □5.其他

6.您不喜歡本書的原因：□1.作者 □2.書名 □3.內容 □4.封面設計 □5.其他

7.您希望得知的出版訊息：□1.青少年讀物 □2.兒童讀物 □3.親子叢書
□4.教師充電系列 □5.其他

8.您覺得本書的價格：□1.偏高 □2.合理 □3.偏低

9.讀完本書後您覺得：□1.很有收穫 □2.有收穫 □3.收穫不多 □4.沒收穫

10.敬請推薦親友，共同加入我們的閱讀計畫，我們將適時寄送相關書訊，以豐富書香與心靈的空間：

(1)姓名……………e-mail……………電話……………
(2)姓名……………e-mail……………電話……………
(3)姓名……………e-mail……………電話……………

11.您對本書或本公司的建議：

廣　告　回　信
臺北郵局登記證
臺北廣字第942號

請直接投郵　免貼郵票

10045　臺北市重慶南路一段66-1號3樓

幼獅文化事業股份有限公司

請沿虛線對折寄回

客服專線：02-23112832分機208　　傳真：02-23115368

e-mail：customer@youth.com.tw

幼獅樂讀網http：//www.youth.com.tw